スター・ウォーズ論

河原一久 Kawahara Kazuhisa

NHK出版新書
473

スター・ウォーズ論　目次

BB-8の商品化
ディズニーが与える〝永遠の命〟

校閲　福田光一
DTP　角谷剛

はじめに

映画「スター・ウォーズ」が、数多《あまた》ある他の映画と決定的に異なる点が一つある。

それは、他の映画が公開されるや否や、時の経過と共に「過去の映画」となっていくのに対し、スター・ウォーズは常に「現代の映画」であり続けているという点だ。

古いファンからの批判の声もあるが、スター・ウォーズは、再公開やビデオリリースといった機会ごとに本編に手直しが施され、いつの時代でも最先端の映像で観客たちを魅了してきた。だからスター・ウォーズは、常に「現在進行形」の映画であり、たとえばサグラダ・ファミリアのように、長い年月を経て、少しずつ形を整えてきている極めて特殊な映画なのである。

それが可能となっているのは、スター・ウォーズが、その第一作以外がほとんどルーカスフィルムによる「自主製作」という形で作られ続けたためである。単に特殊視覚効果の手直しをするだけならば、他の映画作品でも可能だろう。「オズの魔法使」（一九三九年）や「禁断の惑星」（一九五六年）といった古典的名作に、最新のＶＦＸ（特殊視覚効果）を組み込むことだってできる。

しかし、いくら可能だからといって、それを実行に移すスタジオは存在しない。なぜならば、映画の一部だけを最新のものに差し替えたとしても、映画全体のルックに整合性を保つことは極めて困難だからである。

では、なぜスター・ウォーズではそれが可能だったのだろうか？

前述したように自主製作だったという要因ももちろん含まれるが、何よりも重要なのは「スター・ウォーズ・サーガ」という作品群が、いずれも「時の試練」に耐えうる普遍性を持った映像設計によって構築されていることだろう。

一九七〇年代という時代に流行した最先端の映像表現として、画期的なＶＦＸが導入されてはいたが、映画としての根本は、常に「映画の王道」としての文法によって支えられていた。それこそが、この作品の持つ普遍的な面白さの秘密なのだ。

「なんて面白いんだ！」

一九七八年の夏、横浜の映画館で初めて第一作を観た時、私はあまりの面白さと衝撃で終映後も席を立つことができなかった。幸い、当時はそのまま座席に座っていれば、次の回の上映も観ることができたので、躊躇《ちゅうちょ》なく二回目を楽しんだ。以来、スター・ウォーズに限らずあらゆる映画に魅せられた私は、いつしか生業《なりわい》として映像関係の職に就《つ》き、いつかは自分も映画を作りたいと考え続けている。

その後、縁あって「エピソード1」に始まる新三部作のプロモーションを手伝うこととなり、字幕監修、雑誌への連載、スター・ウォーズ・セレブレーション・ジャパンの監修や一部演出など、詳しく公表できないことも多いが、とにかくスター・ウォーズが「文化」へと変貌《へんぼう》していく様をごく近くから眺めることができた。

それでも、初めてスター・ウォーズを観た時から感じていた、ひとつの「謎」はいまだに解けないでいる。それは、

「スター・ウォーズはなぜ面白いのか？」

という謎だ。

よく知られているように、スター・ウォーズには数多くのキャラクターやメカが登場し、そのグッズの売り上げも莫大である。だが、私自身はコレクターではないし、グッズにも

興味がない。特定のキャラクターのファンというわけでもない。とにかく「映画として」この作品が好きだし、面白いと思っている。

しかし「なぜ面白いのか?」は本当に解けない謎なのだ。多くの学者たちは「神話の持つ普遍的テーマを内包している」という点に答えを求めるが、本書の中でも言及するように、それで全てを解明したとはとても思えない。

また、スター・ウォーズに関する書籍は無数に出版されていて、「こんなにも面白い!」という証言は数多く読むことができるが、「なぜ面白いのか?」という問題を掘り下げたものは、ほとんどお目にかかることができない。

私自身、プロの映像関係者として三〇秒のものから三時間のものまで、これまでに数千本の映像を作ってきたが、「なぜ面白いのか?」という問題は、自身が面白いものを作ろうとする中で、常に隣り合わせに存在していた。

そんな中、ルーカスフィルムはディズニーに買収され、気鋭のJ・J・エイブラムス監督によって、二〇一五年一二月にはシリーズ七作目となる「フォースの覚醒《かくせい》」が公開されることになった。個人的には、二〇〇五年の「エピソード3　シスの復讐《ふくしゅう》」で全ては終わったと思っていただけに、このニュースは正に青天の霹靂《へきれき》だった。そして、またもや例の「なぜ面白いのか？」という問題が頭をもたげてきたのだった。

日本での初公開から三七年。当時一三歳だった私も今年で五〇歳だ。当時の自分が知ったらさぞあきれることと思う。

「五〇にもなって、まだスター・ウォーズ見てるの⁉」

おそらく、スター・ウォーズにあまり関心のない人たちも、ファンたちに対して同じ印象を抱いていることと思う。そしてファンたちはファンたちで、「好きだから」とは説明できても、「なぜ見続けているのか」という問いについては、万人が納得できる説明をすることは困難だろう。

幸か不幸か、私自身はこの「なぜ？」という問題の答えを求めて、三〇年近く自問自答し続けてきた。本書は、そういった意味では、私のスター・ウォーズに関する考察の集大成とも言える（もちろん、あくまでも「現時点での」という但し書きが付くが）。

「スター・ウォーズはなぜ面白いのか？」

この問題の答えの中には、時代を超えて成功を収めることができるビジネスの秘訣《ひけつ》も存在すると思う。それが解明できれば億万長者になれるだろうが、せめてその輪郭《りんかく》なりヒントなりを摑《つか》むことができるきっかけにでもなれば、これまた幸いに思うところである。

二〇一五年一〇月

河原一久

第一章　スター・ウォーズという文化

まさかの買収劇

二〇一二年一〇月三〇日、全世界に衝撃が走った。

米ウォルト・ディズニー社は、ルーカスフィルムを約三二〇〇億円で買収。系列会社や所有するコンテンツなど全ての権利を手に入れ、しかも完結したはずのスター・ウォーズの新作を製作し、二〇一五年に公開すると発表したのだ。

この三二〇〇億円という金額が妥当かどうか、買収当時、様々なところで議論されたが、妥当どころか大バーゲン価格だ。たとえばペプシ社は、一九九九年に公開された「エピソード1　ファントム・メナス」と、それに続く二作品をまとめたタイアップの権利を約三〇〇〇億円でルーカスフィルムと契約している。つまり、たった一社との契約金額と大して変わらない額で、ディズニーは全てを手に入れてしまったのだ!

スター・ウォーズ六作品だけでも、これまでに四〇〇〇億円以上の興行成績を記録し、グッズの売り上げは二兆円を超えている。特殊視覚効果会社のＩＬＭ（インダストリアル・ライト・アンド・マジック）は現在もなお業界トップだし、ＴＨＸシステムもスカイウォーカーサウンドも業界の標準的仕様にまでなっている。スター・ウォーズだけではない。ディズニーが買ったものの中には、「インディ・ジョーンズ」シリーズの権利も含まれている。

そのため、現在、ディズニーではスター・ウォーズの新シリーズが軌道に乗る頃を見計らって、インディ・シリーズの再開(もしくはリブート)を計画しているという。

これほどの大買収劇だから、日本でもこのニュースは大々的に伝えられた。NHKを筆頭に全ての在京キー局のニュース・情報番組が取り上げ、ディズニー・ジャパンには問い合わせの電話がひっきりなしにかかってきたという。曰く、

「なんでもいいからスター・ウォーズの素材(番組に使う映像や写真など)を貸してほしい!」

というものだったそうだ。旧作の素材を借りるなら、この時点では二〇世紀フォックスに問い合わせるのが普通なのだが、とにかくみんながみんな慌てふためいていた。こんなところにも当時の混乱ぶりが窺《うかが》える。

一〇億人が体験した映画

二〇一五年末に公開される最新作「フォースの覚醒」には、マーク・ハミル、キャリー・フィッシャー、そしてハリソン・フォードという、最初の三部作で主役を務めた三人が全員同じ役で出演する。また、「帝国の逆襲」(一九八〇年)と「ジェダイの帰還」(一九八三年)

で、脚本を担当したローレンス・カスダンもシリーズに復帰。さらに、全作の音楽を担当したジョン・ウィリアムズが新作の音楽も担当し、同じく全作のポスターを手掛けた画家ドリュー・ストルーザンも、引退を撤回して新作を手掛けることとなった。

ファンならば正に狂喜乱舞するような状況で、今や雪だるま式に世界中で期待が高まっている。

現在、世界の総人口は七〇億人を超えているが、その中でのべ約一〇億人もの人がスター・ウォーズを観たことがあるのだそうだ。二〇一五年四月一六日に発表された「フォースの覚醒」の第二弾予告編は世界中のファンを熱狂させたが、たったこれだけでディズニーの株価は約二四〇〇億円も上昇したという。この予告編は「二四時間で最も視聴された映画の予告編」としてギネス世界記録にもなった。

一九七七年に第一作が公開された時、それは世界的な「現象」だった。シリーズが進むにつれて、やがてそれは「文化」へと発展した。

ディズニー傘下で継続されることとなったスター・ウォーズは、これからどのような発展を遂《と》げていくのか。我々はやがてそれを目撃することになるが、前述したように、世界には約六〇億人もの「スター・ウォーズ未経験者」がいる。

そういった人たちのために、また、これまで同シリーズに夢中になった、別の言い方をするなら翻弄《ほんろう》されてきたファンのためにも、第一章では改めてスター・ウォーズという巨大コンテンツが歩んできた足跡を振り返ってみようと思う。

全ては一九七七年に始まった

「遠い昔、はるか彼方《かなた》の銀河系で……」

というタイトルカードと共に幕を開けた第一作「スター・ウォーズ」は、監督・脚本を務めたジョージ・ルーカスが創り上げた映画オリジナルの物語だ。帝国の圧政に立ち向かう姫が悪の手先に囚《とら》われ、伝説の英雄を父に持つ農家の青年が、数々の冒険の果てに敵の究極兵器を破壊することに成功し、自らもまた英雄となる話である。

誰もが共感できる青年ルーク・スカイウォーカーを演じたのは、マーク・ハミル。ミュージカルスターのデビー・レイノルズと歌手エディ・フィッシャーという両親を持つキャリー・フィッシャーが、勝ち気で現代的なレイア姫を演じている。そして、皮肉屋のならず者で、まるで西部劇からそのまま抜け出してきたような出で立ちのハン・ソロを演じたのがハリソン・フォード。

彼ら無名俳優たちの脇を支えたのが名優たちだ。「アラビアのロレンス」（一九六二年）や「ドクトル・ジバゴ」（一九六五年）などでの名演で知られ、「戦場にかける橋」（一九五七年）でアカデミー主演男優賞を受賞している〝千の顔を持つ男〟アレック・ギネスが、賢者オビ＝ワン・ケノービを演じている。また、黄金時代のハマープロ製作のホラー映画でヴァン・ヘルシング教授やフランケンシュタイン博士を演じていた伝説的俳優ピーター・カッシングが、モフ・ターキン総督として登場する。

さらに、黒ずくめの怪しい悪役ダース・ベイダーは、悪役なのにすでに絶大な人気を博していたし、R2‐D2とC‐3POという凸凹ロボットコンビも、子供たちを中心に大人気だった。

巨大な宇宙船、飛び交うレーザー光線、エキゾチックな惑星、そして伝説のジェダイ騎士が使用した光線剣（ライトセーバー）……。日常で溜まったストレスを発散させ、非日常の世界に誘ってくれる、この古き良き単純明快な勧善懲悪物語に世界中が熱狂した。一年遅れで公開された日本でも、一年近く続く超ロングランとなる特大ヒットとなった。

公開当時の狂騒

しかし公開前までは、この映画は「大失敗作」になると業界内ではささやかれていた。そのため、劇場側もこの映画を上映したがらず、ベストセラー小説の映画化「真夜中の向う側」と抱き合わせで配給された。つまり、「真夜中の向う側」を上映したかったら、「スター・ウォーズ」も上映しなければ駄目だ、という条件を付けていたのだ。

そのため、五月二五日の公開日に全米で「スター・ウォーズ」を上映した劇場は、わずか三二しかなかった。今やファンの聖地ともなっているハリウッドのチャイニーズ・シアターもごく短期間だけの上映にとどまり、断腸の思いで誰も観たいとは思っていないことが分かりきっている「恐怖の報酬」のリメイクを上映しなければならない羽目になった。

それだけに、契約の上映期間が終わると、同劇場は嬉々として「スター・ウォーズ」の上映を「凱旋《がいせん》」と銘打って大々的に再開。その初日には、ダース・ベイダー、R2-D2、C-3POを招いて、あの有名な手形（足形）を残すセレモニーを行って、遅れを取り戻そうとした。

とにかく、当時、世の中は大騒ぎだったそうだ。ロスの空港の通関手続きでも、

「渡航目的は？」

「スター・ウォーズ」を観るために、チャイニーズ・シアターを訪れた大観衆
（写真：Photofest／アフロ）

劇場前には、R2-D2、C-3PO、ダース・ベイダーの足形が残されている

「スター・ウォーズです（笑）」

「おお！　楽しんでね！」

といった具合。

誰もがスター・ウォーズのTシャツを着ていた。オーケストラ主体のサントラアルバムは品切れになり、代わりにシンセサイザーのカバーアルバムが飛ぶように売れ、ディスコでは若者が踊りまくった。予想外のヒットに、おもちゃも商品を店頭に並べることができず、「来春にはお届け」という予約カードが販売され、これがまた売れに売れた。

ベトナム戦争やウォーターゲート事件など、アメリカ社会に影を落とす出来事が相次いだ「絶望の時代」の後に、スター・ウォーズは突然現れた「新たなる希望」でもあったのだ。

全米の興行成績では二億一五〇〇万ドルを突破し、その年最大のヒット作となった。約一〇〇〇万ドル（当時のレートで約二三億円）という決して潤沢とは言えない製作費で、この結果を出したことも驚異的である（the-numbers.comより）。

観客動員数で言えば、「スター・ウォーズ」は未だに全米映画史上第二位の動員数を誇っており、それを上回っているのは唯一、「風と共に去りぬ」（一九三九年）だけである。翌年のアカデミー賞では、惜しくも作品賞や監督賞などを逃したものの、音楽、編集、美術、音響、衣装デザイン、そしてもちろん特殊視覚効果賞など計七部門を制した。

スター・ウォーズの革命

この第一作「スター・ウォーズ」（後に「エピソード4　新たなる希望」と副題がついた）は、映画産業に革命をもたらした。

代表的なのは特殊視覚効果である。それまでは各映画スタジオが自前で担当していたが、特撮映画への需要が減ると共に視覚効果部門の役割も減り、ほとんどが部門ごと閉鎖されていた状態だった。ジョージ・ルーカスは、その特殊視覚効果の世界を抜本的に改革し、自分のビジョンに沿った映像を実現するため、新たにＩＬＭを設立した。これがのちに大ＳＦ映画ブームを巻き起こすことになる。

また、現在の映画製作のスタンダードにもなっているプレビズ（プレビジュアライゼーション）の原点も本作にある。プレビズについては後述するが、ごく簡単に言えば、資料映像で作られた「動く絵コンテ」のことだ。

クライマックスで描かれる敵の巨大宇宙要塞《ようさい》デス・スターへの攻撃場面は、目まぐるしいほどのカットが積み重なって構築されている。こうした場面をどのように作ればいいのか、ルーカスは過去の戦争映画や記録映画の場面を編集してスタッフたちに渡した。これによって、彼らは必要な場面の構図や長さを正確に知ることができ、無駄な作業に時間をとられることなく、完成にこぎつけることができたという。

ルーカスの才覚

第一作製作時のルーカスの英断として最もよく知られているのは、

・続編の権利の確保
・マーチャンダイジング（グッズなどの商品化）の権利確保

の二つだろう。

映画の大ヒットによって、ルーカスは続編から得られるであろう利益の多くが約束されたし、関連商品が売れに売れたことで、これまたルーカスの元には莫大な収入が転がり込んだ。これを人々は「ルーカスの先見の明」とか「ルーカスの卓越したビジネスセンス」と評して褒《ほ》め称《たた》えたものだった。しかし現在に至るまで、このルーカスの決断には誤解されている点が多い。

ルーカスは「スター・ウォーズ」の脚本執筆に三年を費やしており、その内容は一本の映画にするには多すぎる量となった。そこで彼は物語を三つに分割して、最も単純明快でエキサイティングなエピソードを最初に映画にした。つまり、撮影に入る前の段階で、彼はすでに「三部作」という構想を持っていたわけだ。

生みの親であるルーカスとしては、自分が作り出したこの物語をどうしても映像化したいという願望を当然ながら持った。もし映画がヒットすれば、続編の製作は容易に許可されるだろう。だが、もしヒットしなかったら、また、ヒットしたとしてもぎりぎりの収益だったら、続編の製作にはなかなかゴーサインは出ない。場合によっては、監督・脚本共に、ルーカスには何の関係もない人に依頼されてしまうことにもなる。

ルーカスとしては、それは絶対に避けたい事態だった。だからこそ、前作「アメリカン・グラフィティ」（一九七三年）の大ヒットによって、当初の取り決めよりも大幅にギャラのアップが保証されていたにもかかわらず、彼はその額を据え置きにして、「続編の権利のほうが欲しい」と言ったのである。

マーチャンダイジングの権利についても、続編が理由だった。もし映画がヒットしなくても、ルーカスは何とか自力で続編を作るつもりでいた。その場合、同作がヒットしなかったら収益も少ないだろうし、それはSF映画を作るにはてんで足りないのが分かりきっていた。

そこでルーカスは、「続編を作るための資金源」とすべく、副収入となりうるマーチャンダイジングの権利にこだわった。自分のビジョンを実現するために、周到な計算の上で権利の確保をしたという点では、ルーカスにビジネスマンとしての才能を見出すことができるだろう。しかし、そのモチベーションは、あくまでもフィルムメイカーとしての職人気質にあったことは見逃してはならない。

「続編映画に良作なし」

第一作の歴史的大ヒットを受けて製作された続編「帝国の逆襲」は、観客の期待の大きさもさることながら、その成功を危ぶんでもおかしくないほど様々な問題を孕《はら》んでいた。

当時、いわゆる「続編映画」に良作はない、というのが世間の常識だった。「エクソシスト2」(一九七七年)にしろ、「ジョーズ2」(一九七八年)にしろ、大ヒット作の後に必ずと言っていいほど製作された続編は、前作の出来を凌駕《りょうが》するものではなかった。そのため当時のファンの多くは、「スター・ウォーズ2」なんかいらない、頼むからそっとしておいてくれ！　などと祈ったものだし、私自身もそうだった。

しかし「ひょっとしたらいい映画になるかも……」と、その期待値が変化したのは、プロデューサーであるゲイリー・カーツの発言だった。曰く、

「僕らはよくある続編ではなく、ゴッドファーザーPARTⅡのような映画を目指しているんだ」

というものだ。ルーカスの先輩であり、「THX1138」（一九七一年）や「アメリカン・グラフィティ」でプロデューサーを務めたフランシス・フォード・コッポラの「ゴッドファーザーPARTⅡ」（一九七四年）は、史上唯一、第一作と共にアカデミー作品賞を受賞した映画だ。続編としては、映画史上最高の作品であった。そのため、少なくともルーカスたちが安易な続編ではなく、質的にも優れた続編を作ろうとしていることは、多くのファンたちを少し安心させた。

とはいえ、ルーカス自身が監督を降板し、製作総指揮に回ることも不安材料だった。

「特殊視覚効果も含め、全体をコントロールするために……」

という理由は理解できたものの、監督がアーヴィン・カーシュナーと発表されると、不安はさらに募《つの》った。カーシュナーは「サウス・ダコタの戦い」（一九七六年）や「アイズ」（一

九七八年）といった作品ぐらいしか知られておらず、そうした作品を見ても「スター・ウォーズの監督」として適任なのかどうか、判断しようにも情報が少なすぎた。

製作費は前作の倍近い予算が組まれたが、これも大した足しにはならなかった。というのも、製作費の多くは特殊視覚効果に充《あ》てられ、新たな技術や機材の開発にも必要だったが、第一作の爆発的な成功のおかげで、世はSF映画ブームとなっており、中古機材も値段が数倍以上に跳ね上がっていたのである。ＩＬＭの面々は、そのやりくりに頭を悩ますこととなった。

第二作「帝国の逆襲」

第一作公開後に指摘された、「黒人キャラクターが一人も登場していない」という批判に対しては、ランド・カルリシアン男爵《だんしゃく》という新キャラクターを投入し、ビリー・ディー・ウィリアムズが演じた。

当初公開された宣伝用ポスターには、主要キャラ扱いのはずのランドの姿が描かれていなかった。そのため、急きょ賞金稼ぎのボバ・フェットと共に、彼を描き足したバージョンのポスターに差し替えられる騒ぎも起きている。その結果、「ランドなしバージョン」のポスターの価値が跳ね上がり、現在では二五万円ほどの値段がついている（もっとも、第一作の宣伝用に一ドルで売られていたハワード・チェイキンが描いた、いわゆる「チェイキン・ポスター」は、もっとレアで今では五〇万円の値がついている）。

前作で死んでしまったルークの師、オビ＝ワン・ケノービの代わりとしては、ジェダイマスター・ヨーダが登場した。ヨーダはパペットの技術で製作され、操演とセリフも「セサミ・ストリート」でクッキー・モンスターやミス・ピギーを演じていたフランク・オズが担当した。

一方で、霊体として引き続きルークを指導する予定だったオビ＝ワン・ケノービ役のアレック・ギネスは、眼の病気のため手術を受けた後で、長時間の撮影に耐えられる状態ではなかった。そのためオビ＝ワンの出番は大幅に減らされ、一日の撮影でギネスの仕事が全て完了するよう調整された。

「帝国の逆襲」の物語は前作から三年後だ。惑星ホスで帝国軍に対する攻撃の準備を進めていた反乱軍が、偵察ドロイドに見つかってしまい、大規模な地上戦の末、散り散りに逃げ出し……といった導入から見所満載で、特に「雪の惑星」という舞台で繰り広げられる地上戦は、白い背景での光学合成という特撮面での挑戦も見られた。

前作では記録映画などをつないで作られた映像絵コンテは、本作では線画によるアニメーションで作られ、アニマティクスと呼ばれた。また、出来栄えが心配されたパペットによるヨーダも予想以上の存在感で、陳腐な見た目を心配していたファンを安心させた。

興行的にも前作ほどではなかったが、続編映画としては異例の大ヒットを記録し、一億四五〇〇万ドル（現在では「特別篇」などを加算して二億九〇〇〇万ドル）という成績で年間トップの座を獲得した。その結果、映画業界における「続編に良作なし」という常識は完全に過去のものとなった。

衝撃のエンディング

しかし、この「帝国の逆襲」がその後の映画業界に決定的な影響をもたらしたのは、そのエンディングだった。

主人公ルークはベイダーとの対決に敗れ、そのうえ「私がお前の父だ」という衝撃告白をされて奈落の底に身を投げる。レイア姫はならず者ハン・ソロに惚《ほ》れてしまっていることが判明するも、その矢先に彼はカーボン冷凍されてしまい、賞金稼ぎに持っていかれてしまう。反乱軍自体も秘密基地を追い出され、ほうほうの体で逃げ延びる……といった具合に、いいところなしのうえに、そこで映画は終わってしまったのだ！

古き良き時代の連続活劇同様、いいところで「つづく」となってしまったのだ。アーサー・C・クラークと並ぶSF小説の巨匠アイザック・アシモフは、映画が終わった途端に立ち上がり、「早く続きを見せろ！」と叫んだというが、それは世界中のファンの声でもあった。

しかしファンたちは、その後三年間もひたすら待ち続けるしかなかった。こうした「まるっきり話の途中で終わってしまう映画」というものは、長編大作の世界では過去に例がなかった。それだけに本作の成功は、その後「一本の映画に収めるには長すぎる物語」に映画化の道筋を与えることになった。「バック・トゥ・ザ・フューチャーPART2」（一九八九年）や「PART3」（一九九〇年）、「ハリー・ポッター」シリーズ（二〇〇一年～）、「ロード・オブ・ザ・リング」シリーズ（二〇〇一年～）などは、「帝国の逆襲」の成功なしでは、決してGOサインが出る企画ではなかった。

なお、この「帝国の逆襲」から、オープニングにエピソード番号とサブタイトルが出ることとなった。「エピソード5　帝国の逆襲」といった具合だ。そのため前作（第一作）は「エピソード4」であり、「新たなる希望」というサブタイトルであることが明らかにされ、シリーズは全九部作で、現在製作中のものは真ん中の三部作であるとアナウンスされた（詳しい経緯は第四章で後述）。

全米映画監督協会との確執

「帝国の逆襲」の翌年、ルーカスは親友スティーブン・スピルバーグと手を組んで作り上げたニュー・ヒーロー、インディアナ・ジョーンズ（「レイダース／失われたアーク《聖櫃》」）で再び世間をあっと言わせ、年間興行成績のトップを飾る。

その翌年の一九八二年には、スピルバーグが「E.T.」（一九八二年）で「スター・ウォーズ」の記録を早々と破りトップに、そして八三年には当然のごとく「ジェダイの帰還」が二億五二〇〇万ドルで年間トップとなるなど、この時期はルーカスとスピルバーグが映画界を席巻していた。

そのため業界では、彼らに対するやっかみや嫌がらせも後を絶たなかった。その最たるものが、「映画では監督の名前が最初にクレジットされなければならない」という全米映画監督協会からのクレームだろう。

もちろん「帝国の逆襲」でも、エンドクレジットで最初に出てくるのは、監督であるアーヴィン・カーシュナーの名前だった。しかし監督協会は、映画の冒頭に出てくる「ルーカスフィルム・リミテッド」の表記が問題である、と言ってきたのだ。

これはルーカス個人の表記ではなく、製作会社としての「ルーカスフィルム」の表記でしかないため、当然ながらルーカスやカーシュナーはこのクレームに抗議した。しかし監督協会は引き下がらず、結局カーシュナーに迷惑をかけることを恐れたルーカスは、渋々ながらも罰金を支払い、せめてもの抗議の証として監督協会を脱退したのだった。

だが、この脱退劇のおかげで、「ジェダイの帰還」に内定していたスピルバーグの監督起用をも断念せざるを得なくなった。

スピルバーグのほうは、「E.T.」でアカデミー作品賞や監督賞の受賞が期待されていたが、結局両方とも「ガンジー」（一九八二年）とその監督リチャード・アッテンボローに渡ってしまう。スピルバーグはその三年後、シリアスなドラマ「カラーパープル」（一九八五年）で一一のノミネートを獲得し、今度こそ受賞が期待されたが、一つも受賞できなかったし、監督賞ではノミネートすらされなかった。

最終的に、スピルバーグは一九九三年に「シンドラーのリスト」で雪辱《せつじょく》を果たすが、ルーカスは今に至るまで嫌われっぱなしである。もっとも、彼自身、欲しがっているわけではなかったので、気にはしていないだろうが。

タイトル変更のエピソード

当初、第三作のタイトルは「ジェダイの復讐（Revenge of the JEDI）」とされていたが、公開直前になって「ジェダイの帰還（Return of the JEDI）」に変更された。その理由について、ルーカスフィルムは当時「ジェダイは復讐などしないので……」といったもっともらしい説明にしていた。しかし本当の理由、背景は二つあった。

一つは、そもそもルーカス自身が最初から「帰還」にしたがったが、周囲から「タイトルとしては弱いのでは？」という意見を受けて、一度は「復讐」としたものの、結局、初志貫徹ということで「帰還」に変えた、というものだ。

もう一つは、公開前に行ったマーケティングリサーチの結果、「復讐」という言葉が特に女性客に対してあまりいい印象を与えていなかったことから、より多くの観客動員を見込める「帰還」に変えた、というものだ。

いずれにせよ、このタイトル変更で一番迷惑を被ったのがパラマウントだった。同社は一九八二年公開で「スター・トレック２」を製作していたのだが、そのサブタイトルが

「カーンの逆襲（The Vengeance of Khan）」だった。そこにルーカスフィルムが「復讐」と「逆襲」は似ているので、紛らわしいから変えてくれとクレームをつけた。パラマウントはそれを了承して、タイトルを「カーンの怒り（The Wrath of Khan）」に変更したのだった。

日本では、どちらも変更前のタイトルでプロモーションが進んでいたため、そのままの形で公開されたが、二〇〇四年に旧三部作（エピソード4〜6）のDVDボックスが発売されることになった際に、第三作は「ジェダイの帰還」という邦題に修正された。

これは、長年の間、原題と異なった状態のままだったことを、二〇〇二年の「クローンの攻撃」の宣伝キャンペーンで来日した新三部作（エピソード1〜3）のプロデューサーのリック・マッカラムが知り、「ではDVD発売の時に直しましょう」と明言したことで実現した。この決定は二〇〇三年の年末に正式なものとなっており、巷間《こうかん》言われている、エピソード3が「シスの復讐」になるので、それと被《かぶ》らないように変更された、というのは誤りである。

第三作「ジェダイの帰還」

さて、物語は大方の予想通りに大団円。惑星タトゥイーンの顔役ジャバ・ザ・ハットに囚われていたハン・ソロは救出され、ルークはベイダーとの対決を経てジェダイ（銀河共和国の守護者）となり、父のジェダイとしての「帰還」を実現することに成功する。また、レイアが生き別れの妹だったことも判明し、その彼女もハンとの恋が成就することで、スカイウォーカー家の血筋が継続することとなる。

前作、「帝国の逆襲」の公開を待っていた時と異なり、三部作の完結編である「ジェダイの帰還」を待つ三年間は、ファンにとっては無限に感じられるほど長いものだった。話の一番いいところで終わった映画の続きを、三年も待たされたのだ。桃や栗が育つだけの時間を！

それだけに本作は「映画史上、最も公開が待ち望まれた映画」として、かつてないほどの盛り上がりを見せて公開に至った。ハリウッドの劇場前には、一か月以上も前から行列ができた。みんな休暇をとったり、会社を辞めてきたり、と様々な手段で列に並んだのだった。

この一か月は、彼らにとっては楽しいものだったようだ。何しろ、そこまでしてスター・ウォーズの完結編が観たい人たちが集まっているのだから、話は尽きることがないし、彼らの日常生活では得ることのできなかった「仲間」を発見する機会でもあった。

中には年頃の男女もいて、恋に落ち、結婚しようというところまで発展したカップルもいた。せっかくだから「その場で結婚しちゃえ！」ということで、神父さんを探すことになったが、便利なことに神父さんも行列の中にいた！　というわけで、スター・ウォーズを愛する人々に囲まれながら、彼らはその場で結婚式を挙げたという。

この時点で「スター・ウォーズの新作公開」は、完全にひとつの「お祭り」となっていた。結局、公開初日には会社をズル休みする人が続出したため、一六年後の「エピソード1」公開時には、多くの企業が臨時休業することになった。

技術面では、前述したアニマティクスが、ビデオカメラでアクションフィギュアやジオラマを使った「ビデオマティックス」と呼ばれるものに進化し、主としてスピーダーバイクの場面で活用された。本作で、一つのカットに六五もの画像を組み合わせた合成技術はすでに最高峰のクォリティにまで進化し、逆に言えば、これ以上のものは作れない、というところにまで行き着いていた。これは、その後長きにわたって、スター・ウォーズの新作が作られなくなる最大の理由となった。

ルーカスが進めたデジタル化

この頃からルーカスは「映画のデジタル化」に動き出していた。

それまでの映画業界は、「モーションピクチャー」という名の通り、「動く写真」としてフィルムをベースに製作してきた。特殊視覚効果も、基本的には複数のフィルムを合成することによって、様々なイリュージョンを観客に提供してきた。オプチカル合成と呼ばれるこのアナログな手法によって、「ジェダイの帰還」では前述のように実に六五もの合成が一つのカットで行われており、時間と金がかかるため早くも頭打ち状態になっていた。また、編集システムも、フィルムを切り貼りして順番につないでいく「リニア編集システム」だった。

七九年には、早くもＩＬＭ内にコンピューターアニメーション部門を設立し、ピクサーと名付けられた。ここにはあのジョン・ラセターも入社し、新時代のための映像研究が進められた。この部門は後にスティーブ・ジョブズに売却され、それはやがて「トイ・ストーリー」（一九九五年）を生み出し、現在に至るまで世界最高峰のアニメーションスタジオとして成長している。

デジタル編集機の先駆けとなったエディットドロイドは、現在のパソコンなどで使用されている映像編集ソフトの元祖と言えるもので、任意の場面を本編中の位置などとは関係なしに編集できる、世界初のノンリニア編集システムである。これは後にＡＶＩＤ社に売却され、同社はこの技術を発展させて、誰もが気軽に映像編集できる環境を世に送り出した。

音響面では、ハードディスクドライブをベースにしたサウンドドロイドを開発し、同時期に劇場用音響システムとして開発されたＴＨＸサウンドシステムと共に発展していった。前者はスカイウォーカーサウンド社、後者はＴＨＸ社として現在に至る。

ピクサーを売却したとはいえ、ＩＬＭはコンピューターによる映像製作技術の開発は継続して行い、一九九三年に公開された「ジュラシック・パーク」において革新的飛躍をみせることになる。

映画以外での展開

「ジェダイの帰還」以降、スター・ウォーズの世界観はＴＶへ移っていた。

イウォーク族のウィケットを主人公とした長編ＴＶ映画が二本製作（アメリカ以外では劇場公開）され、同じくイウォークの日常を描いたアニメーションシリーズ「イウォーク物語」が作られた。そして、R2-D2とC-3POを主役にしたシリーズ「ドロイドの大冒険」も製作された。子供向け番組としてはなかなか優れた内容だったが、どれも大した評判にならず短命に終わっている。

その後、ティモシイ・ザーンによる、いわゆる「スローン三部作」と呼ばれる小説によって、「ジェダイの帰還」後の世界を描いた小説シリーズが隆盛となる。

また、TVゲームの世界でも「レベル・アサルト」といったヒット作を皮切りに、続々と製品が開発される。この頃になると、アクションフィギュアのコレクションが流行し、スター・ウォーズを観たことがないのにフィギュアは集めている、というマニアも出るほど広い層に渡っていた。

こうした動きは、新作映画の公開が望めないファンにとって慰めの材料となったが、同時にこれらは、後に「拡張世界」と呼ばれる「映画以外」のジャンルとファンを開拓し続けることとなった。それは、スター・ウォーズの普遍的人気を支えていく土台ともなっていった。

特別篇から新三部作へ

CG時代の到来と共に、スター・ウォーズにもようやく新たな時代の幕開けがやってくる。一九九七年に、第一作は公開二〇周年を迎える。それを記念したリバイバル公開の企画がきっかけとなって、ルーカスは特撮部分を修正、追加した「特別篇」を公開することを決めた。同時に「エピソード1」に始まる新三部作を順次製作し、公開することを発表したのである。

九〇年代半ばからルーカスは頻繁に日本を訪れるようになるが、これはソニーをはじめとした日本企業の協力の下、劇場映画の撮影が可能なデジタルカメラ開発の打ち合わせのためである。一九九九年に完成し公開された「エピソード1　ファントム・メナス」では、一部シーンがデジタル撮影となり、続く「エピソード2」では全編がデジタル撮影となった。

この「特別篇から新三部作へ」の流れの中で大きな役割を果たした人たちが、世界中のマスメディアの世界にいた。彼らはみな子供の頃、スター・ウォーズに夢中になったファンたちだった。彼らの熱狂は、そのままメディアの露出へとつながり、日本でも特別篇の試写会の様子が夕方のニュース番組で生放送されるほど過熱していた。

第四作「ファントム・メナス」

一九九九年、一六年ぶりに再開されたスター・ウォーズの新作は「エピソード1」、つまりそもそもの始まりとなるエピソードだ。これによって新三部作の幕開けとなった。

物語は第一作である「新たなる希望」の約三〇年前、貿易交渉のいざこざから始まった辺境の惑星ナブーに対する武力封鎖の状況を解決するため、銀河共和国最高議長の特使として派遣された二人のジェダイの騎士が現場に到着するところから始まる。

この二人のジェダイというのが、リーアム・ニースン演じるクワイ＝ガン・ジンというちょっと変わり者のジェダイと、ユアン・マクレガー演じる若き日のオビ＝ワン・ケノービだった。ユアンは、旧三部作で人気だったルークの盟友ウエッジ・アンティリーズを演じていたデニス・ローソンの実の甥で、彼が生まれて初めて劇場で観た映画も「スター・ウォーズ」なのだった。

それゆえ、ユアンのスター・ウォーズに対する思い入れは普通である訳もなく、ライトセーバーを扱う場面では、さかんに「ぶーん！　ぶーん！」と声で効果音を再現して周囲を呆《あき》れさせていたという。

二人のジェダイは、惑星ナブーで若き女王アミダラに出会う。彼女こそ、のちにアナキン・スカイウォーカーとの間にルークとレイアを産むことになるパドメ・ネイブリーその人である。このアミダラを、リュック・ベッソン監督の「レオン」（一九九四年）でセンセーショナルなデビューを果たしたナタリー・ポートマンが演じた。

このアミダラ女王は基本的にはパドメなのだが、非常時には影武者であるサーベが身代わりとして女王に扮し、パドメは侍女として陰ながらサーベに指示を出している。このサーベを演じたのが、無名時代のキーラ・ナイトレイ。彼女はのちに「パイレーツ・オブ・カリビアン」（二〇〇三年）でのエリザベス・スワン役で世界的スターとなる。

ナブー選出の元老院議員パルパティーンは、新三部作における本当の悪役だ。表では元老院を誘導しながら戦争状態へと導き、裏ではシスの暗黒卿ダース・シディアスとして共和国崩壊への布石を効果的に打つ策士として暗躍している。彼はのちに銀河帝国の皇帝となるが、これを「ジェダイの帰還」で皇帝を演じたイアン・マクダーミドが演じているのが興味深い。「ジェダイの帰還」撮影時には三十代後半だった彼も、本作撮影時には五三歳で、パルパティーン元老院議員を演じるにはちょうどいいお年頃だったわけで、これには本人も「不思議な気分だった」と言っている。

ナブーの原住民で、公開と同時に世界中のファンから嫌われてしまうことになるジャー・ジャー・ビンクスは、ルーカスの狙いでは、旧三部作でC-3POが担っていた「口やかましくてウザったい脇役キャラ」として登場した。しかし、いかんせんウザすぎたせいもあって、ビデオ発売後には、彼の出演場面だけをカットして再編集したバージョンをファンが作り、それがインターネット上に出回るといった事態にもなった。

さて、ナブー近くの惑星タトゥイーンに不時着したアミダラとジェダイの一行は、ここで奴隷《どれい》の少年アナキン・スカイウォーカーと出会う。彼に並々ならぬフォース（ジェダイたちが使う特殊なエネルギー）を感じたクワイ゠ガンは、彼をジェダイにすべく動き出す。アナキンの母シミによると、アナキンに父親はおらず、知らぬ間に身ごもって出産した子供だという。

こうして主要なキャラクターが出揃い、ナブーを脱出したアミダラの行方を追って、シディアスの弟子ダース・モールもタトゥイーンに降り立つのであった。

一六年ぶりのシリーズ新作

迫力満点のポッドレース、全盛期のジェダイとシスによるライトセーバー戦、それを盛り立てるジョン・ウィリアムズ作曲の「運命の闘い」……。本来、陰謀劇として地味な展開が予想された「エピソード1」は、公開当時で最先端の視覚効果と見せ場で新たな世代のファンを数多く獲得したものの、旧三部作からのファンの多くは不満を感じ、この時点から、新三部作を「認める」「認めない」という形でファンも二分されることになった。

興行的には一六年ぶりのシリーズ再開という期待と興奮も手伝って、四億三〇〇〇万ドルという記録でぶっちぎりの年間トップとなるが、大量に出しすぎたグッズが多く売れ残るという結果も出してしまい、以後のタイアップ戦略に大きな方向転換をもたらすことにもなった。

宣伝では本作が「スター・ウォーズ4」であるよりも、シリーズ全体の第一話にあたることを認知してもらうために、サブタイトルよりも「エピソード1」であることが強調された。これは、続くエピソード2、そして3でも踏襲された。

二〇一五年に公開となる「エピソード7　フォースの覚醒」では、逆にエピソード番号よりも「新作が来る！」という認識を強くしてもらうために、エピソード番号を宣伝に使うことは封印している。これは旧三部作の時と同じやり方で、通常パターンに戻っただけと考えた方がいいだろう。

第五作「クローンの攻撃」

「ファントム・メナス」から一〇年後を描く「クローンの攻撃」では、パドメは女王の座を降り（もともと選挙で選ばれる役職という設定）、元老院議員として活躍している。

アナキンはオビ＝ワンの指導の下、ジェダイとして実力をつけ、（ここがある意味重要なのだが）なかなかのイケメンに育っていた。パドメと久しぶりに再会するアナキンは彼女に惚れ、一方でパドメも表情には出さないものの、成長したアナキンに惹《ひ》かれる。この心理的変化について、パドメを演じたナタリー・ポートマンは、「彼の顔に惚れたのよ！」と言い切っていて面白い。

このイケメン・スカイウォーカーを演じたのは、オーディションを勝ち抜いたカナダの若手俳優ヘイデン・クリステンセン。若さゆえの危うさをガキっぽい振る舞いが目立つ演技で巧《うま》く演じていた。ヘイデン本人は、本作でのアナキンの子供っぽさを嫌がっていて、もっと深みのある芝居をしたがっていたが、ルーカスが「いや、ガキっぽく演じてくれ」と言い聞かせたという。

前作「ファントム・メナス」におけるオビ＝ワンのキャラ造形でも、ユアン・マクレガーが同じように嫌がっていたという。この両作で、二人の若者が若いがゆえの不安定な弱さを見せ、その後一方はジェダイマスターに、もう一方はフォースの暗黒面に転落してダース・ベイダーとなってしまう、という形で明暗が分かれる。その対比によって、「人生の岐路における明暗は正に紙一重《かみひとえ》である」ことをより明確に観客が感じられる仕掛けになっている。

物語は、冒頭のパドメ議員暗殺未遂事件をきっかけに、ミステリーのように謎を解きながら進み、同時にアナキンとパドメの恋愛が急ピッチで描かれ、最後には極秘結婚に至っている。

暗殺事件には、賞金稼ぎのジャンゴ・フェットが絡んでおり、彼の残した痕跡《こんせき》を追っていくことで、惑星カミーノにおけるクローン兵の大量生産、惑星ジオノーシスにおける反共和国勢力による陰謀などが明らかになってくる。その背後には、かつてジェダイの騎士だったドゥークー伯爵《はくしゃく》がおり、彼が様々な謀略の首謀者であることが判明する。

このドゥークー伯爵を演じたのがクリストファー・リーである。第一作でターキン総督を演じたピーター・カッシングと共に、ドラキュラ伯爵役をはじめハマープロのホラー映画の数々で活躍した彼のキャスティングは、古くからの映画ファンを狂喜させたものだった。

年間トップになれず

このドゥークー伯爵自身が、実はダース・モール亡き後のシディアスの弟子ダース・ティラナスであり、彼もまたパルパティーンに操られて動いていたという、まことに複雑な話になっているのだが、例によって首都惑星コルサントにおけるスピーダーの追跡劇、オビ＝ワンとジャンゴの壮絶な一騎打ちと小惑星帯での宇宙戦、そしてクローン兵をも巻き込んだクローン大戦勃発《ぼっぱつ》の引き金となるジオノーシスでの大規模な戦闘など、スター・ウォーズらしい派手な見せ場も満載だった。

一方でアナキンとパドメの恋愛模様は「スター・ウォーズらしくない」として批判の対象になったが、第三章で触れるように、スペースオペラの世界ではごく普通の恋愛描写であり、そんなに腹を立てるほどのものではないだろう。とはいえ、それだけスター・ウォーズに対するファンのイメージは確固たるものになっていたことの証であり、そういった意味でも本作の評価はファンの間では高くはない。

実際、この「クローンの攻撃」は、三億ドルという大ヒットを記録しているのだが、二〇〇二年の年間興行成績では「スパイダーマン」「ロード・オブ・ザ・リング／二つの塔」に次いで第三位という結果となり、今のところ年間トップを獲得できなかった唯一のスター・ウォーズ作品となっている。

ジェダイマスターのメイス・ウィンドゥ役として、本作でもサミュエル・L・ジャクソンが引き続き出演しているが、映画のクライマックスでついに彼もライトセーバーを使うことになる。通常、ジェダイの使用するライトセーバーは青か緑色なのだが、ルーカスに「どっちがいい？」と聞かれたジャクソンは「紫がいい！」と答えた。ルーカスもそれを了承したことで、彼だけが「紫の刃を持つライトセーバー」を使うという特殊な設定が生まれることとなった。

第六作「シスの復讐」

二〇〇五年時点で全六作と言われていたスター・ウォーズ・サーガが、ついに（一応）完結することとなった「エピソード3　シスの復讐」は、新三部作と旧三部作を物語的にもつながなければならなかったため、様々な急展開を見せる。

エピソード2で母の死を食い止めることができなかったアナキンは、今度は妻パドメが出産によって死んでしまうという予知に苦しめられる。結局、愛するものを失いたくないがゆえにさらなる力を求め、その選択が結果的にパドメを死に追いやることになる。

クローン戦争は大詰めを迎えており、パルパティーンは唯一の邪魔者ジェダイ騎士団を抹殺するための最終段階に突入する。クライマックスでは、一九七七年の第一作公開時から伝えられていた、「火山での戦いでオビ＝ワンと死闘を繰り広げたベイダーは、瀕死《ひんし》の重傷を負うが、全身を機械の身体にすることで命をつなぎ、お馴染みの姿となる」という描写がその通りに展開。その後はルークとレイアの出産、それぞれが里子に出される、といった具合に、物語は「新たなる希望」へと急速に結びついていく。

登場する宇宙船や戦闘機なども、より旧三部作に登場するメカに近づいてきて、古くからのファンを喜ばせた。中でも「新たなる希望」の冒頭に登場したレイアの乗った宇宙船タンティブⅣが、カラーリングこそ異なるものの、そのままの造型で登場したことに感動したファンも多かった。

新三部作の完結

「シスの復讐」では、新キャラクターとしてグリーバス将軍が登場するが、彼は身体の大部分が機械化されたエイリアン種族のキャラで、後に機械化されていくアナキンの先駆けのような存在でもある。四本の腕で四本のライトセーバーを振り回す様はなかなか壮観で、彼とオビ＝ワンの死闘は本作の見せ場の一つでもある。

このグリーバス将軍の声を演じたのは、音響スタッフの一人であるマシュー・ウッド。様々な俳優や声優があてたグリーバスの声のサンプルの中に、参考材料として自分で演じてみせたデータを混ぜておいたのが採用されることになったという、特殊なケースだ。

元々この役には、性格俳優として知られるゲイリー・オールドマンが内定していた。しかし、「帝国の逆襲」の時の監督協会とのいざこざが、この時点でも尾を引いていて、全米俳優協会所属の俳優がルーカスの映画に出ることはまかりならん、という横やりが入ったため、オールドマンの出演が立ち消えとなり、慌ててキャスティングをしなければならなかったという事情もあった。

本作では、新三部作で初めてダース・ベイダーが登場することになった。ベイダーの衣装を着たヘイデン・クリステンセンがセットに現れると、周囲からは一斉に感動のため息が漏れたという。それはスタッフたちにとっても特別な瞬間だったようで、賛否両論の中、最新技術を駆使して作られ続けてきたスター・ウォーズは、無事に六作品が一つの長大な物語として完成することになった。

全米における興行面でも、三億八〇〇〇万ドルという成績で年間トップとなり、シリーズの面目を保つことができた。

飛躍的に発展するデジタル技術

さて、一九九九年公開の「エピソード1　ファントム・メナス」では、前述したようにデジタルカメラでの撮影は一部に留まったが、デジタル合成技術はさらなる格段の進歩を遂げた。

公開当時、プロデューサーのリック・マッカラムが特に熱を入れて語っていたのが「バーチャルセット」だった。これは、グリーンに塗装されたセットで撮影した演技を、CGで作り上げたセットにはめ込んで場面を構成するもので、大掛かりなセットを組まなくても、思い通りの場面を作ることができる画期的なシステムだった。

この技術は室内撮影だけに限らず、屋外の風景を背景として撮影し、そこに役者をはめ込むという形にも応用できる。たとえば「ヒーローズ」というSF番組でマシ・オカ演じるヒロが初めてテレポーテーションに成功して「やったー!」と言う有名な場面。これもバーチャルセットとしてタイムズスクエアを撮影した背景に、スタジオで撮影したマシ・オカの映像をはめ込んだものだ。ＳＦに限らず、このバーチャルセットは「アグリー・ベティ」といったコメディなどでも頻繁に活用されている。

この技術のメリットは、俳優をロケ地に連れて行く様々な手間が霧消する上に、ロケ地での人払いといった人件費の節約にもなるわけで、現在のアメリカの映像産業では欠かすことのできない技術になっている。

音響面では、ルーカスフィルムはドルビー研究所と新しいサウンドシステム「ドルビーサラウンドＥＸ」を発表し、「ファントム・メナス」を上映する劇場には、その設置が推奨された。

二〇〇二年の「エピソード２　クローンの攻撃」では、ＣＧの発展がさらに進んだ。

映画の冒頭でオビ＝ワンとアナキンがパドメを訪ねる場面は、当初、夜の設定で撮影されたが、その後、昼の設定に変更され、それに伴ってバーチャルセットも変更となった。問題は役者の演技の部分だ。夜の設定で撮影されていたので、ライティングもそれ用に落としたものになっていたのだが、これもデジタル技術で昼の照明に調整され、しっくりとなる場面になった。

一方、パドメとアナキンがお互いの気持ちに関する葛藤を語り合う夜の場面では、二人の演技はテイクごとにバラつきがあったが、これもデジタル加工で合成されている。つまり、二人が一緒に映っている画面でも、ナタリー・ポートマンとヘイデン・クリステンセンの演技は、それぞれが別々のテイクから選ばれたものが使われているのだ。

また、ジャンゴ・フェットとオビ゠ワンの惑星カミーノでの対決場面では、ロープに引きずられるオビ゠ワンはCGで作られ、画面によってはユアン・マクレガーの顔に差し替えられている。ドゥークー伯爵のライトセーバー戦では、アクション場面を撮影時七七歳だったクリストファー・リーが演じるのには無理があったため、代わりにスタントマンが演じ、顔が判別できる場面ではCGによってリーの顔に差し替えられた。

プレビズによる経費削減

二〇〇五年の「エピソード3　シスの復讐」でもCGはさらに発展を遂げたが、ここまで来ると、もはや専門的なレベルなので細かく言及する必要はないと思われる。しかし、簡易なCGを活用したプレビジュアライゼーション（以下、プレビズ）については説明すべきだろう。

第一作の「スター・ウォーズ」で、記録映画などを使って完成場面の参考にしたことは先に触れたが、それはアニマティクス、ビデオマティックスと進化し、新三部作製作の頃にはプレビズとなった。

これらは、主としてスタッフなどがキャラクターを演じて、場面を実際に作ってみる作業である。特殊視覚効果が必要な場面では、簡単にポリゴンで作成したCGIキャラクターなどで構成される。これによって、撮影に入る前に全体の尺を把握することができ、撮影する際に必要な画角やテンポ、機材などを事前に「視覚的に」検討することができるようになった。

たとえば「シスの復讐」の冒頭で描かれるコルサント上空でのパルパティーン議長救出作戦の様子は、プレビズの段階では四〇分以上もあったそうだ。それを極力削ぎ落として撮影スケジュールを組み、実際に撮影したものの中からさらに多くを削ぎ落とし、映画として完成させた。一日あたり莫大な経費がかかるハリウッド映画にとっては、このシステムは経費削減のための不可欠な存在で、現在ではプレビズを専門的に作る会社まで存在するほどだ。

なお、エピソード1から映画の密着特集を「ヴァニティ・フェア」誌が独占で行い、グラビア写真をアニー・リーボヴィッツが手がけることが恒例となっている。

リーボヴィッツは、「ローリングストーン」誌のチーフカメラマン時代に、ローリングストーンズのツアー密着取材、そして暗殺される直前のジョン・レノンとオノ・ヨーコの写真を撮影したことで名高く、近年では「ヴァニティ・フェア」や「ヴォーグ」などにおける、ハリウッドセレブを使ったドラマ性の高いグラビア撮影で知られている。「スターたちが最も撮影してもらいたがるカメラマン」として、すでに伝説的な存在となっている人物である。

そんな彼女が密着しているという点だけでも、スター・ウォーズがいかに特殊な存在となっているかを示す証拠になっている。二〇一五年に公開される「フォースの覚醒」の最初の露出も、彼女が撮影した「ヴァニティ・フェア」の独占特集で、この伝統は継続していく模様だ。

ファンたちの連帯

ここまで、駆け足でスター・ウォーズという作品のあらすじと、同作が成し遂げてきた革新の歴史を振り返ってみた。他にも、たとえばジェダイの騎士に惹かれて剣道を始めた外国人も数多くいるし、ジェダイの教えを信じて宗教として実際に活動しているグループもヨーロッパに複数存在するなど、映画を離れた影響も数えきれない。

しかし、そういったスター・ウォーズの数えきれない影響の中でも、比較的注目されないものでありながらも、最も大きく変わったのは「ファンの意識」ではないか。

世界中にいるスター・ウォーズのファンは、他の作品の追随を許さないほどの数が存在する。そのファンたちの中から、「スター・ウォーズのファンでいることで社会貢献をする方法」が様々な形で模索され始めたのである。こうした変化の端緒は、新三部作の公開前にさかのぼることができるだろう。

一六年ぶりの新作公開を祝うため、一九九九年四月三〇日から五月二日までの期間、コロラド州デンバーでは、最初の本格的なスター・ウォーズの祭典「スター・ウォーズ・セレブレーション」の開催がアナウンスされ、世界中のファンがチケットを買い求めた。

ところがその開催のわずか一〇日前、よりによって開催地のデンバーで、世界中を震撼させる事件が発生した。マイケル・ムーアのドキュメンタリー映画「ボウリング・フォー・コロンバイン」(二〇〇二年)の題材にもなった、コロンバイン高校銃乱射事件である。

いじめられっ子だった二人の生徒によって引き起こされたこの事件は、教師一名、生徒一二名の犠牲者、二四名の重軽傷者を出した。アメリカには重苦しい雰囲気が漂い、特にデンバーでは、とてもお祭りなどできる雰囲気ではなくなっていた。当然、ルーカスフィルムでもセレブレーションの中止が検討され、ジョージ・ルーカスも交えて徹夜で議論が繰り広げられた。

「スティーブンはひとりじゃない」

しかし、セレブレーションは予定通り開催されることとなった。その背景には、一人の少年の存在があった。

一四歳のスティーブン・カーノゥ君は、この銃乱射事件で亡くなった犠牲者の一人で、同時にスター・ウォーズの大ファンだった。彼は公開が間近に迫った「ファントム・メナス」を楽しみにしており、その気持ちを誰よりも理解できたのは、世界中のスター・ウォーズ・ファンたちだった。

スティーブン君の両親には世界中から励ましの手紙が届いたそうだが、映画が公開されるとさらなる動きが出てきた。マイク・ファーナムという二九歳の青年が、面識のないスティーブン君のために何かできないかと考え、世界中のファンにある提案を呼びかけたのだ。

それは、スティーブン君と同じ一四歳の子供のために映画のチケットを買い、その子の名前をチケットの半券の裏に記入して送ってほしいというものだった。世界中から集まったその半券を一冊のスクラップブックにまとめ、スティーブン君の両親へプレゼントするというのがマイクのプランだった。「スティーブンはひとりじゃない」ということを、両親に知ってもらうために。

彼の提案は瞬く間に世界中に広められ、こうしてできた記念のスクラップブックに、スティーブン君の家族は感激して涙したという。

これは、前述した「大人になったスター・ウォーズ・ファン」が見せた「意識の変化」のひとつだろう。彼らは単なるファンではなく、見知らぬファンたちを「仲間」「同志」と見なすようになり、共感によって「何かできることはないか?」と考え出したのだ。

ファンたちに起きた変化

同じ頃、ロサンゼルスのチャイニーズ・シアター前でも、新しい試みが実行されていた。

一六年前の「ジェダイの帰還」公開時の例にならって、同劇場前にも公開一か月以上前から行列ができていた。この行列は歩道上を占拠する形になり、ハリウッド大通りを通行する歩行者たちにとっては甚だ迷惑な行列だった。

そこで列に並んでいる人たちの間で話し合いが持たれ、ルールが決められることになった。まず行列に参加する人は登録制にして、一日に決められた時間だけ並べば、その並び順が保証されるようにした。これによって歩道上に並ぶ人数は激減し、歩行者に迷惑がかかることはなくなった。

さて、ここで注目すべき点は次の展開だ。彼らは歩行者への迷惑は解決できたが、それでも街全体に対してかけている迷惑は解決できていないと考えた。そこで、行列して自らの欲求を満たす代わりに、その行為をチャリティに昇華させようと考えた。具体的には単純な話だ。行列に参加する人は、最低でも五〇ドルの金額を、ロサンゼルスに本部を置く難病に苦しむ子供たちを支援する団体「スターライト・チルドレンズ・ファウンデーション」に寄付することにしたのだ。

この展開もまた世界中に報道され、世界中のスター・ウォーズ・ファンたちは、自分たちの趣味の世界が、同時に人助けにつながる可能性を認識した。

また、五月一九日の公開に先立って、ルーカスフィルムは全米各地でチャリティ試写会を開催し、その収益も子供たちのための財団へ寄付された。

世界中の王族・皇族が招かれる試写会は例外なくチャリティ試写会で、こうした例は格段珍しい話ではない。しかし、ファンがチャリティを自ら企画するという例はあまりなかった。

コスプレから始まったチャリティ

さらにスター・ウォーズの場合、これは「はじまり」にすぎなかった。

特別篇が公開された一九九七年、南カリフォルニア州に住むファンの一人、アルビン・ジョンソンは、帝国軍のコスチュームを着るファン団体「501st Legion」を立ち上げる。映画に登場したコスチュームにどこまでも近いものを追求した彼らのコスチュームのクォリティは、最終的にはルーカスフィルムから著作権違反として抗議を受けるほどにまで高まっていき、両者の間にはしばらく緊張関係が続いていた。

二〇〇二年の「エピソード2　クローンの攻撃」の公開前に行われたセレブレーション2では、すでに世界中に広まっていたメンバーが、完成度の高いコスチュームで会場となったインディアナポリスに集結していた。

この時、アルビンらメンバーたちは、会場の近くに小児病院があることに気づいた。そして、「あそこに入院している子供たちは、セレブレーションに来たくても来られないんだろうな」と考え、「よし、俺たちが病院に行って子供たちを喜ばせよう！」と有志を集めて病院を訪問したのだ。

子供たちは狂喜乱舞して彼らを迎えた。その反応は彼らの想像をはるかに超えた熱狂的なもので、訪問中、トルーパーのマスクの下に隠れた彼らの目は涙に濡れていたという。この行動はたちまち全メンバーに知れ渡り、セレブレーション終了後も、メンバーたちは世界中で病院の慰問を継続して行うことになった。

するとルーカスフィルムもそれまでの認識を一変し、彼らと協力してチャリティ活動を行うことになった。二〇〇五年、同じくインディアナポリスで行われたセレブレーション3では、公式ホテルとして指定されたホテルで「501st枠」が設けられ、既定の宿泊料金と、児童福祉団体への寄付金を一〇ドル上乗せした金額を選べるようになった。そして全員が寄付金付きで予約したのだった。

その後も、501stは姉妹団体である反乱軍のコスプレ団体レベル・リージョンと協力しながら慰問を続けており、また、重度の難病の子供の「最後の願い」を叶える団体、メイク・

ア・ウィッシュとのコラボレーションも始まった。

「死ぬ前にダース・ベイダーに会いたい」という子供たちのために、世界中のメンバーが病室に駆け付けるようになったのだ。

R2-KTの物語

こうした活動の先頭を切って、世界中のファンの牽引《けんいん》役となっている501stだが、よりにもよって、その創設者であるアルビンの家族を不幸が襲った。

二〇〇四年一一月、彼の六歳になる愛娘ケイティが脳腫瘍《しゅよう》におかされ、余命がわずかしか残っていないことが分かったのだ。病床で苦しむケイティの姿を見ていた彼女の姉アリーは、エピソード2の中で「寝室で休むパドメをR2-D2が警護する」という場面を思い出し、「R2をピンク色にしてケイティを守ってもらえたらいいね。そうしたらそのR2はR2-KT（ケイティ）ね」と父アルビンに話した。

その素晴らしいアイデアはすぐにメンバー間に広まり、仲間でもあるR2ビルダーズクラブ（自作のR2を作るファン団体）も、「よし、実物のR2-KTを作ろう！」と製作を開始した。

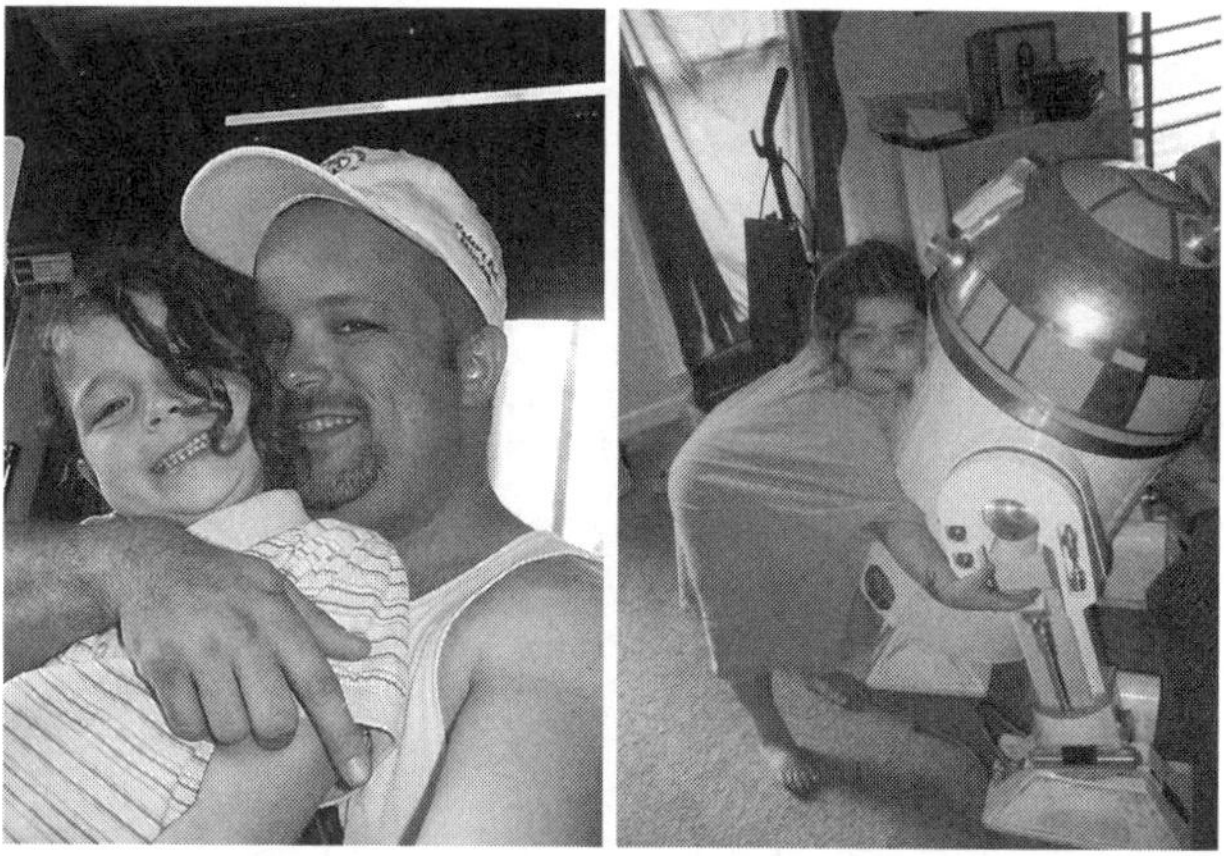

アルビン・ジョンソンの愛娘ケイティちゃんは、ついにはR2-KTと対面を果たした
（写真提供：アルビン・ジョンソン）

彼女の病状は、多くのスター・ウォーズ関係者の心を揺さぶった。ジョージ・ルーカスを始め、ヘイデン・クリステンセンらも励ましのビデオレターを送って彼女の回復を祈った。だが、ケイティの病状はどんどん進行し、R2-KTの完成まで生きていられる可能性はほとんどなかった。

そこで日本人スター・ウォーズ・アーティストの一人である三田《さんだ》恒夫氏は、ケイティとR2-KTが一緒になったアートワークを描いて、アルビンへ届けた。また、R2ビルダーズクラブのメンバー、アンディ・シュワルツは、二〇〇五年夏、ケイティがいよいよ危ないことを知り、自分の所有するR2-D2を応急処置的にピンクに塗り替えて、アルビンの自宅へと運び、ケイティと対面させた。

ケイティは実物大のR2-KTに大喜びで、つかの間の幸せを存分に味わったという。そして八月九日、ケイティは七歳という短すぎる生涯を閉じた。

世界中のファンの寄付によって製作が続けられていた等身大のR2-KTは、翌二〇〇六年七月八日に完成。今ではケイティと同様、病気に苦しむ子供たちを励ますために病院訪問を続けている。

さらに二〇〇七年、ルーカスフィルムとハズブロ社は、共同でR2-KTのフィギュアを製作し、サンディエゴのコミコンで限定販売した。その収益は一〇〇〇万円を超え、全額がメイク・ア・ウィッシュに寄付された。

そして二〇〇八年に劇場公開された「クローン・ウォーズ」では、映画の冒頭、R2-D2の傍らに、アニメ化されたR2-KTが登場。ここに、R2-KTは正式にスター・ウォーズ・ユニバースの一員となったのである。

スター・ウォーズという文化

この話を単なる美談として受け止め、感動して終わりにしてはいけないと思う。

アルビンは二〇〇八年に来日した際、「ぜひKTを日本に連れてきたい！　それは僕の夢の一つだよ」と語っていた。その言葉を聞いて、私は嬉しく思うと同時に、「自分には何ができるのか？」と自問するしかなかった。

その問いに対する明確な答えはいまだに出ていない。しかし、それでも「いい話」に対して「いいね」と反応するだけではなく、可能な限り自らが「何かをすべき」なのだと考えている。いい話に共感することで、自分が「いい人間なんだ」と錯覚することは自由だが、それはあくまで錯覚でしかないことに気づかないほど、我々はもう子供ではない。

二〇一四年夏、「フォースの覚醒」の撮影中に、ルーカスフィルム、ディズニー、そして監督のJ・J・エイブラムスは「フォース・フォー・チェンジ」という名のチャリティ活動を開始し、世界中のファンに寄付を呼びかけた。ユニセフに対して集められたこの寄付金は、最終的に六億円を超える額を集めた。

それは始まりに過ぎない。二〇一五年四月三〇日、映画のためのキックオフ・ミーティングで日本を訪れた、プロデューサーであり現ルーカスフィルム会長のキャスリーン・ケネディに、私は「スター・ウォーズがもたらしたものの中で、最も感銘を受けているのはフォース・フォー・チェンジですよ」と打ち明けた。彼女は満面の笑みを浮かべながら、

「この活動は今後もしっかりと続けていくわよ！」と力強く語ったのである。

一〇億人の絆

スター・ウォーズが公開されるたびに、「スター・ウォーズが映画産業のみならず、世界中に多大な影響を与えた」ことが喧伝される。ドルビーサラウンドEX、バーチャルセット、フルデジタル撮影、デジタル上映……本当に枚挙にいとまがない。

しかし私は、「製作者とファンが一体となって実現した世界規模のチャリティ活動」こそが、最も価値のある、そして意義のある「影響」なのだと思う。たった一本の映画が、まだ製作途中だというのに、これだけのことを成し遂げているのだ。

「半分大人の子供たちや、半分子供の大人たちに、一時の喜びを与えんと、下手な趣向をものした次第」

シャーロック・ホームズの作者、サー・アーサー・コナン・ドイルが書いたSF冒険小説『失われた世界』の冒頭に記されたこの文章は、ルーカスがスター・ウォーズの製作にあたって常に念頭に置いていた言葉だ。その試みは大成功を収め、一九七七年の第一作公開以来、スター・ウォーズは世代を超えて愛され続けてきた。

それは、あらゆる世代に共通する「夢見る心」に、この映画が真っ直ぐに向き合い続けてきたからだ。ある者は勇気を与えられ、ある者はロマンスを感じ、またある者は人生そのものにまで影響を受けた。身近な友人との間で交わされた映画に対する情熱は、やがて面識のなかったファンとの交流へとつながり、時を経てそれは「親と子」の共通の話題へと変化した。

今やファンの絆《きずな》は世代だけでなく、国境をも超えて広がり続けている。前述した「501st Legion」はアメリカを本拠地とするファン団体だが、現在では中国、ロシア、中東にもその支部がある。そこには政治的、あるいは宗教的な対立など存在せず、ただ「スター・ウォーズ」という共通言語によって強い絆が生まれているのである。

二〇一五年四月にアナハイムで行われたセレブレーション7の席上で、ルーク・スカイウォーカーを演じたマーク・ハミルは会場を埋め尽くしたファンたちに向かってこう言った。

「僕らはもはや巨大なファミリーだ。みんな兄弟なんだ!」

特定の映画のファンにとって、こうした感情は特に珍しいことではないだろう。だが、スター・ウォーズを観た人は、前述したように、世界に約一〇億人もいるのだ。

その「一〇億人の絆」の中にあって、ただ漠然と「いいね」と思っているだけでは、いささか寂しいだろう。だから我々も考え続けなければならないし、答えが見つからなくても、意識を持ってすでに「文化」となったスター・ウォーズを見守っていくべきだと思うのである。

第二章　映画史におけるスター・ウォーズ

スター・ウォーズ企画を却下した映画会社

一九七八年に本国から約一年遅れで日本公開となった「スター・ウォーズ」は、世界各国と同様、日本でも空前の大ヒットとなった。様々なメディアでスター・ウォーズに関するあらゆる話題が取り上げられ、ホームビデオなどなかった当時の映画ファンたちは、それを貪《むさぼ》るように読んだものだった。

そうした特集記事の中には、スター・ウォーズの企画にGOサインを出して会社の経営難を救った、二〇世紀フォックスの製作部長アラン・ラッド・ジュニアの手腕を褒め称えるものがあった。その逆に「驚いたことに……」といった書き出しで、この企画を却下した映画会社があったことを「信じられない」「もったいない」といった論調で紹介する記事もあった。「世界的大ヒット作品を逃した責任を取らされて、担当責任者はクビ（もしくは左遷）になった」といった内容のものもあった。

こうした記事に触れた当時中学二年生だった私も、友人らと共に「ボツにするなんて信じられないね。バカじゃなかろうか」と話題にしたものだ。

しかし、もちろん、スター・ウォーズが却下された経緯は、そんな単純なものではなかった。

スター・ウォーズの企画を却下した映画会社とは、ユナイテッド・アーティスツ（以下、ユナイト）とユニバーサル映画だ。その責任者は、ユナイトがデビッド・ピッカー（厳密には違うのだが、それは後述する）、ユニバーサルがネッド・タネンだった。

却下に至るまでの話の前に、そもそも、なぜこの二社に企画が持ち込まれたかの説明をしよう。

配給交渉権の行方

ルーカスのデビュー作「THX1138」は、一九七一年五月に開催されたカンヌ映画祭の関連イベント、批評家週間にエントリーしていた。

映画祭には、作品や企画の買い付けを主眼とした側面もあるため、ルーカスはここでユナイトの関係者と出会い、ユナイトは今後の彼の企画（「アメリカン・グラフィティ」と「スター・ウォーズ」）のファーストルック権（どこよりも先に企画を提出し、検討することができる権利）をルーカスから得ていた。

「THX1138」はワーナーが配給していたが、完成した映画に対して無意味と思われるカットを強要されたルーカスは、ワーナーに対して怒りしか感じていなかった。そのため、新たなパートナーとしての可能性をユナイトに求めたのだろう。しかしユナイトは、次作「アメリカン・グラフィティ」の企画には結局乗らなかった。

そして、ユナイトの次にルーカスが企画を持ち込んだユニバーサルは、「ゴッドファーザー」（一九七二年）で名声を獲得していたフランシス・フォード・コッポラが製作総指揮を執るという条件でＧＯサインを出した。

というわけで、「アメリカン・グラフィティ」の公開後にはユナイト、次いでユニバーサルという順番で、ルーカスの次作に関する交渉権を持っていたことになる。

「アメリカン・グラフィティ」が公開された一九七三年の時点で、「スター・ウォーズ」は、わずか数ページのシノプシス（あらすじ）しか存在していなかった。このため、両社ともに乗り気ではないものの、結論は出さずに交渉権は保持したまま、企画の熟成を待つことになった。

この頃、「ＴＨＸ１１３８」を観て感銘を受けていたフォックスのアラン・ラッド・ジュニアは、「アメリカン・グラフィティ」公開前にルーカスと接触を図り、密かに公開前の同作プリントを入手。その面白さとルーカスの才能に確信を持っていた。

そのため二〇世紀フォックスは、次作「スター・ウォーズ」に関してルーカスと同意書を交わし、企画の実現を進めていた。しかし、前述した他社との交渉権の問題もあり、正式な契約には至っていなかった。

二〇世紀フォックスの思惑

一九七五年八月一日、ルーカスはスター・ウォーズの脚本の第三稿を書きあげた。これは、最終的に映画になったものとほとんど変わらないもので、ここで各社との交渉も最終段階へと移行することになった。

フォックスは、同年二月に第二稿が仕上がった後、「もしこの企画を却下し、他社で製作することになった場合、これまでに支払った経費の総てに関する弁済を受ける」という内容の同意書をスター・ウォーズ・コーポレーション（ルーカスフィルムとは別のスター・ウォーズ専門の製作会社）との間で交わしている。

つまり「スター・ウォーズ」の企画は、フォックスの下で製作準備が進められていたのだ。最終的な交渉権利は三番目だが、それを承知の上でフォックスも出資していたようである。

いずれにせよ、フォックスとしてはどう転がっても損をしない形にしていたので、その点では問題はない。気になるのは、この段階でフォックスがどれだけ本気だったのかだ。

もしフォックスが本気でスター・ウォーズを実現したいと思っていたのであれば、彼らの立場は難しいものだったはずだ。いくら出費が弁済されるとはいえ、数年かけて進めていた企画が最終的に他社に持っていかれる可能性があるとしたら、そんなに本気になるとは思えない。とはいえ、ハリウッドではこうした例は珍しくないようなので、実は大した問題ではなかったのかもしれない。

「私なら関わらない」

さて、ここでようやくピッカーとタネンが登場することになる。

一九七〇年からユナイトのCEO（最高経営責任者）を務めていたピッカーは、実は一九七三年にユナイトを退社して独立プロダクションを作り、七六年にはパラマウントの代表に就任している。したがって、七五年秋にスター・ウォーズの最終決定をする段階で、彼はユナイトにはいなかった。

それでもピッカーが「却下した」ということになっているのは、おそらく七三年のシノプシスの段階での話だとみて間違いないと思われる。ピッカーはGOサインを出さなかったものの、最終判断は下さずに先送りをしてユナイトを去った、ということだろう。

前述したようにユナイトは交渉権を保持したままで、それはユニバーサルでも同様だった。ユニバーサルが「スター・ウォーズ」に対して、とりあえず「NO」と言った一〇日後、二〇世紀フォックスは「YES」と言っていたが、この時点でのフォックスの立場は、企画を熟成させるための資金を出す、という立場にすぎなかった。

結局、ユナイトとユニバーサルによる却下の最終決定は、七五年の一〇月末頃だったとみられる。それに先立つ一〇月一三日、のちに女性初のユナイトの副社長となるマーシャ・ナサティアから、製作責任者だったマイク・メダヴォイに宛てて「スター・ウォーズ」に関する手紙が送られた。

この手紙の中で、ナサティアは「私はこれ、大好き」と称賛し、「これは本当にあらゆる世代の〝子供たち〟に向けた映画」と看破している。その上で、「ビジュアル面で特筆すべき作品になるだろうが、非常に製作費がかかると思う」とし、「これをどうやったら低予算で作れるのか、私には分からない」と本音を吐露《とろ》し、最終的に「私なら関わらない」「リスキーな企画だ」と締めくくっている。

同じ頃、ユニバーサルでも同様なやりとりがあった。

差出人および宛先は不明だが、ユナイトと同様、スター・ウォーズの企画の是非に関する七五年一〇月のメモが残されている。メモでは「この企画は我々にとっては一種の賭《か》けだと思うが、個人的にはエキサイティングな企画だと思う」としながらも、「一方で、脚本の内容を映像化するのは困難であると思われる。特にR2-D2とC-3POが心配だ」と懸念を示している。また、「仮に映像化がうまくいったとしても、劇中の善悪の区別を観客がどこまで理解できるかに疑問が残る」とした上で、「最終的な問題は、我々の命運をどこまでルーカス氏の手腕に賭けられるかにかかっている」と結んでいる。

ユニバーサルではタネンが、そしてユナイトでは恐らくメダヴォイが「却下」の結論を下したものと思われるが、その背景は以上のようなものだった。

結局、その年の一二月にフォックスは正式に製作のGOサインを出し、年が明けてから最終契約を結んでいる。

「映画史上最悪の判断」はなぜ下されたのか

この「却下」の判断は、のちに「映画史上最悪の判断」とまで揶揄《やゆ》されたが、ユナイトやユニバーサルの重役たちは、本当に「バカ」だったのだろうか？

最初に企画を遠ざけたピッカーは、六〇年代初めにユナイトで社長補佐をしており、あの「007シリーズ」の獲得に多大な貢献をしている人物だ。また、「真夜中のカーボーイ」(一九六九年)や「ラストタンゴ・イン・パリ」(一九七二年)などを手掛け、パラマウントに移籍後も「サタデー・ナイト・フィーバー」(一九七七年)、「グリース」(一九七八年)、アカデミー作品賞を受賞した「普通の人々」(一九八〇年)なども作っている。

メダヴォイは「カッコーの巣の上で」(一九七五年)、「ロッキー」(一九七六年)、「アニー・ホール」(一九七七年)とアカデミー作品賞を受賞した作品に関わり、その他にも「地獄の黙示録」(一九七九年)、「レイジング・ブル」(一九八〇年)、「ネットワーク」(一九七六年)、「プラトーン」(一九八六年)、「アマデウス」(一九八四年)、「ターミネーター」(一九八四年)、「ターミネーター2」(一九九一年)、「羊たちの沈黙」(一九九一年)など、その実績は輝かしいものだ。

そしてレポートを書いたナサティアは、メダヴォイと共に「カッコーの巣の上で」「ロッキー」や「キャリー」(一九七六年)といった作品に関わり、単独でも「ハンバーガー・ヒル」(一九八七年)、「黄昏《たそがれ》に燃えて」(一九八七年)、「バーティカル・リミット」(二〇〇〇年)などを手掛けた人物だ。二〇一三年には「ハリウッドのパイオニア」として、「ハリウッド・リポーター」誌に特集されてもいる。

こうした経歴だけを見ても、少なくとも彼らは「バカ」ではなかったはずだ。では、なぜ彼らは誤った判断をしてしまったのだろうか?

彼らが交わした内容を吟味すると、いずれも「スター・ウォーズ」の持つ可能性には気づいていた。そして共通していたのが「高くかかりすぎる（と思われる）製作費」の問題だった。ナサティアは低予算での実現方法について「分からない」としているし、ユニバーサルの担当者も「ロボットが心配」と述べている。

しかし一九七二年には、ユニバーサルは低予算で「サイレント・ランニング」を作った実績があった。この作品で登場するヒューイ、デューイ、ルーイという三体の小型ロボットは、R2-D2を作る上での可能性を大いに示しており、実際にルーカスも「参考にした」と明言している。

C-3POに関しては、フリッツ・ラング監督の「メトロポリス」（一九二七年）に登場するマリアがモデルとなったが、それは人間のマリアを演じたブリギッテ・ヘルムが、着ぐるみを着用したにすぎなかった。「メトロポリス」自体は超大作で、莫大な製作費がかけられていたが、それはマリアにかかった経費ではない。エキストラも含めて約四万人のキャスト、五〇台もの特注の自動車、そして数多くの特殊視覚効果が積もったゆえの経費だった。

実際、ルーカスもC－3POをマリアと同じ手法で映画に登場させ、最終的に約一〇〇〇万ドル（当時の日本円で約二二億円）の製作費で「スター・ウォーズ」を完成させている。これは同時期の「未知との遭遇」（一九七七年）の約半分の予算だ。

見過ごされたSF需要

つまり結局のところ、ユナイトもユニバーサルも、その時点での業界水準でしか物事を判断していなかったのだ。

一九六八年の「２００１年宇宙の旅」は、特殊視覚効果を飛躍的に進歩させたが、それは多大な予算を投入した結果であった。その水準を維持した上で、さらにアクション場面を実現させるには抜本的な改革が必要だったし、それを実現しようとするほどには、当時の大衆のニーズはＳＦに向いていないと考えられた。そこに、判断を誤った原因があったわけだ。

一方で、ルーカスは志を持った若者たちを組織して、画期的な特殊視覚効果専門の会社インダストリアル・ライト・アンド・マジック（ＩＬＭ）を興《おこ》し、「自分が作り上げたい映像」を実現できるシステムを作り上げた。それは正にプラトンの格言「必要は発明の母」を実践するものだったのだが、「スター・ウォーズ」を却下した会社の重役たちは、そもそもその「必要」自体を感じていなかったのである。

その一番の理由は、大衆のＳＦ映画に対する需要の少なさが原因だった。しかし、その後の「スター・ウォーズ」の歴史的大ヒットと、それに続く大ＳＦ映画ブームという結果から考えると、「ＳＦ映画への需要が少なかった」のは表面的なことで、実際には大衆は「潜在的に求めていた」ことが分かる。

そこで次の疑問だ。

なぜ、各映画会社はそうした大衆の欲求に気付くことができなかったのだろうか？　ここからは映画産業の歴史を紐解きながら、その原因を探ってみようと思う。

「捨て去られた」ジャンルの復活

「映画の歴史を作る！」

「レイダース／失われたアーク《聖櫃》」（一九八一年）の製作顔合わせの席で、監督のスピルバーグ、脚本のローレンス・カスダン、そしてプロデューサーのフランク・マーシャルを前に、原案と製作総指揮を務めるルーカスはこう語ったという。

「僕らは映画の歴史を作るんだ」

この言葉には、ルーカスが感じていた「大衆が求める映画」がどんなものであるかを示唆する意味が含まれている。噛《か》み砕いて言うとこうだ。

「映画がその歴史の中で捨て去ってしまったが、真の娯楽たりえる可能性のあるジャンルを復活させるんだ」

これはスター・ウォーズにも当てはまることだ。スター・ウォーズは「SF活劇」もしくは「ヒロイック・ファンタジー」の復活、そして「レイダース／失われたアーク《聖櫃》」の場合は「連続冒険活劇」の復活を意味する。これらのジャンルは、映画の世界では長年にわたって、スタジオにも観客にもろくに相手にされなかった領域だ。

では、なぜこうした「捨て去られたジャンル」に、ルーカスらは魅力を感じたのだろうか？

そしてそもそもなぜ、これらは「捨て去られてしまった」のだろうか？

その理由を知るためには、やはり映画そもそもの歴史を辿るしかないだろう。

創成期の映画

映像を映写機からスクリーンに投影する形の「映画」は、リュミエール兄弟によって一八九四年に開発された。ここに映画の歴史がスタートするが、翌年に同兄弟が製作した映画「ラ・シオタ駅への列車の到着」にまつわるエピソードは、映画が観客に与える影響を端的に物語っていて興味深い。列車が駅に到着する様子を収めたわずか五〇秒の映像を観た観客が、自分のほうに迫ってくる列車の姿に怯えるあまり、客席から逃げ出したというものだ。

この話の真偽はともかく、それまで「映像」というものを観る体験をしたことがなかった当時の人々が、この新たな「体験」をどう受け止めたのか、そしてそのインパクトがいかに大きかったのかを示すエピソードと言える。

その後、一九〇二年にジョルジュ・メリエスが「月世界旅行」を世に送り出し、ここに世界初のSF映画が誕生する。この時点で、メリエスが早くも数々の特殊視覚効果を開発していることは注目に値する。つまり、二〇世紀になったばかり、そして映画そのものが誕生してまだ一〇年も経っていない段階で「映像による非日常体験」の必要性を考え、実行に移していた人物がいたのである。

列車の映像を観て逃げ出す人がいようが、それはやがて「映像」という概念が認識されるとともに、日常よく見る「風景」のレベルにまで落ち着いていく。それゆえ、映画産業は「いまだかつて誰も観たことのない映像体験」を模索する必要に絶えず迫られる。それがこの時点ですでに求められていたのである。

もちろん、メリエスの特殊効果へのこだわりは、そもそも彼がマジシャンとして生計を立てていた過去を持ち、それゆえ生粋のエンターテイナーとして、観客の嗜好《しこう》が移ろいやすいことを知り尽くしていたから生まれた選択でもあっただろう。いずれにせよ、現在でも続けられている映画産業の「新しさへの挑戦」は、その創成期から宿命づけられていたわけである。

映画はその後、舞台演劇などに比べれば「下等なもの」との評価を受けながらも、着実に大衆の身近な娯楽としてその地位を確立していく。そしてD・W・グリフィスやエイゼンシュタインをはじめとする世界中の映画監督によって、映画技法は急速にその可能性を広げていくことになる。実際、映画の基本的な文法のほとんどは、サイレント映画の時代に確立されている。

また、技法が多様化していくと同時に、映画が取り扱うジャンルも史劇、活劇、西部劇、ロマンス、そしてミュージカルの前身となるレビュー映画など、そのフィールドを広げていった。

SF映画では「海底2万マイル」（一九〇七年）、「ロスト・ワールド」（一九二五年）、「メトロポリス」といった優れた作品もあったが、そもそもSFというジャンル自体が生まれて間もないこともあり、大衆からは「絵空事」「子供向け」というイメージを持たれ続けた。そのため、娯楽映画の世界で主流になることはなかったし、その偏見は正に「スター・ウォーズ」の登場まで続いた。

結局、SF映画の多くは、低予算の連続活劇（シリアル）の中の一ジャンルとして主に作られることになる。

トーキーの革命

一九二七年、世界初の「音が出る」トーキー作品「ジャズ・シンガー」は、映画産業に最初の革命的変化をもたらす。

翌年に創設されたアカデミー賞の第一回作品賞こそ、サイレント映画の「つばさ」が受賞しているが、その後は二〇一一年にこのサイレント映画の時代を描いたフランス映画「アーティスト」が受賞するまで、全てトーキーが作品賞に輝いている。

そして、第二回のアカデミー作品賞に「ブロードウェイ・メロディー」(一九二九年)が選ばれたことにも象徴されるように、トーキーというフォーマットを手に入れた映画の花形はミュージカルとなった。

もちろん「西部戦線異状なし」(一九三〇年)といった戦争映画、ベストセラーの映画化である史劇「シマロン」(一九三一年)、群像劇のひな型にもなった「グランド・ホテル」(一九三二年)、そして洗練されたコメディの代名詞的な「或《あ》る夜の出来事」(一九三四年)など、映画史に残る数々の名作も生まれていた。

しかし、当時の大衆が気軽に熱狂できたのは、豪華絢爛《けんらん》な舞台と衣装、そしてアーヴィング・バーリン、ジェローム・カーン、ジョージ・ガーシュインといった一流の音楽家たちによる名曲が散りばめられたミュージカルだった。

バスビー・バークレー演出による群舞の時代から、フレッド・アステアによるミュージカルスターの時代へと移り変わりながら、ミュージカルは人々を魅了し続けた。その背景には、一九二九年に世界中を大混乱に巻き込んだ大恐慌の影響がある。大衆は辛い日常をひと時でも忘れる手段として、ミュージカルを好んだのだ。

B級映画の誕生

一方で「映画なんか観ている場合ではない」ということで、大恐慌は「観客動員数の低下」という事態をもたらしていた。その打開策として業界が考え出したのが「B級映画」というフォーマットだ。

一本分の値段で二本の映画が観られる「二本立て」というアイデアは、不況できつくなった観客の財布を緩めるための苦肉の策だ。それまで本編におまけのようにつけられていた短編や連続活劇に代わって、「長編を二本観せる」というわけで、結果として各映画スタジオは映画を量産せざるを得なくなった。

これまでのようなメインの作品はそのままだが、新たに増産せざるを得なくなったほうは、低予算（A級の一〇分の一）、無名キャスト、二週間以下の製作日数といった制約の中で作られ、これらが「B級映画」と呼ばれるようになった。題材としては、怪奇物（今で言うところのホラー映画）やミステリー、西部劇、ギャング物、そしてSFなどである。

のちにこうしたB級映画の世界からは、たとえばジョン・ウェインやチャールズ・ブロンソン、ジャック・ニコルソンといった大スターが生まれたこともあったが、むしろ若い監督が修練を積んでいく場としての役割が大きい。一九七〇年代以降では、「B級映画の帝王」とも呼ばれるロジャー・コーマンの下、フランシス・フォード・コッポラやピーター・ボグダノビッチ、ジョナサン・デミといった数多くの才能が開花していった。

そんな中でも連続活劇の製作は続けられていた。ジョン・キャロル主演の「快傑ゾロ」（一九三七年）シリーズなどに代表される冒険活劇は、のちに「インディアナ・ジョーンズ」を誕生させることになり、バスター・クラブ主演の「バック・ロジャース」（一九三九年）や「フラッシュ・ゴードン」（一九三六〜四〇年）を代表格としたSF活劇は、数奇なめぐりあわせを経て「スター・ウォーズ」に結実していく。

スター・ウォーズの源流

約三〇分のエピソードが一二〜一五話程度の本数で上映されてきた連続活劇は、一九四一年にアメリカで開始されたテレビジョンのフォーマットのひとつとなった。一クール（三か月）で一二話、三〇分の放送枠、という具合だ。

実際、このフォーマットにシリアルはぴったり当てはめることができるだけに、のちにはそのままTV放映されたりもした。一九五四年、TVシリーズとしての「フラッシュ・ゴードン」がスティーブ・ホーランド主演で作られたが、同時期にバスター・クラブ版も放映され、同じキャラクターのタイトルを持つ番組が混在したため、クラブ版は「スペース・ソルジャーズ」とタイトルを変えて放映したそうだ。

ジョージ・ルーカスは一九四四年生まれだから、彼が「子供の頃に親しんだフラッシュ・ゴードンの連続活劇」とは、このTV放映されたクラブ版と考えていいだろう。クラブ版には、のちに「スター・ウォーズ」によって劇的に映画界に復活することになるオープニング・クロール（文字が画面下からせり上がってきて物語の背景を説明するもの）が、毎回恒例の演出になっていたからだ（第一話は除く）。

少し話が逸《そ》れるが、このオープニング・クロールについて補足しておきたい。このスタイルは、今でこそ「フラッシュ・ゴードンのような連続活劇で使われたスタイル」などと紹介されるが、七七年に「スター・ウォーズ」が初めて公開された頃には、「懐かしの大平原スタイルの文字がせり上がってきて……」とよく紹介されていた。

ここで言及されている「大平原」とは、セシル・B・デミル監督による、一九三九年の西部開拓史物の大作だ。オープニングクレジットが、画面奥に伸びている列車のレールに

映画「大平原」(1939年)のオープニング・クレジット

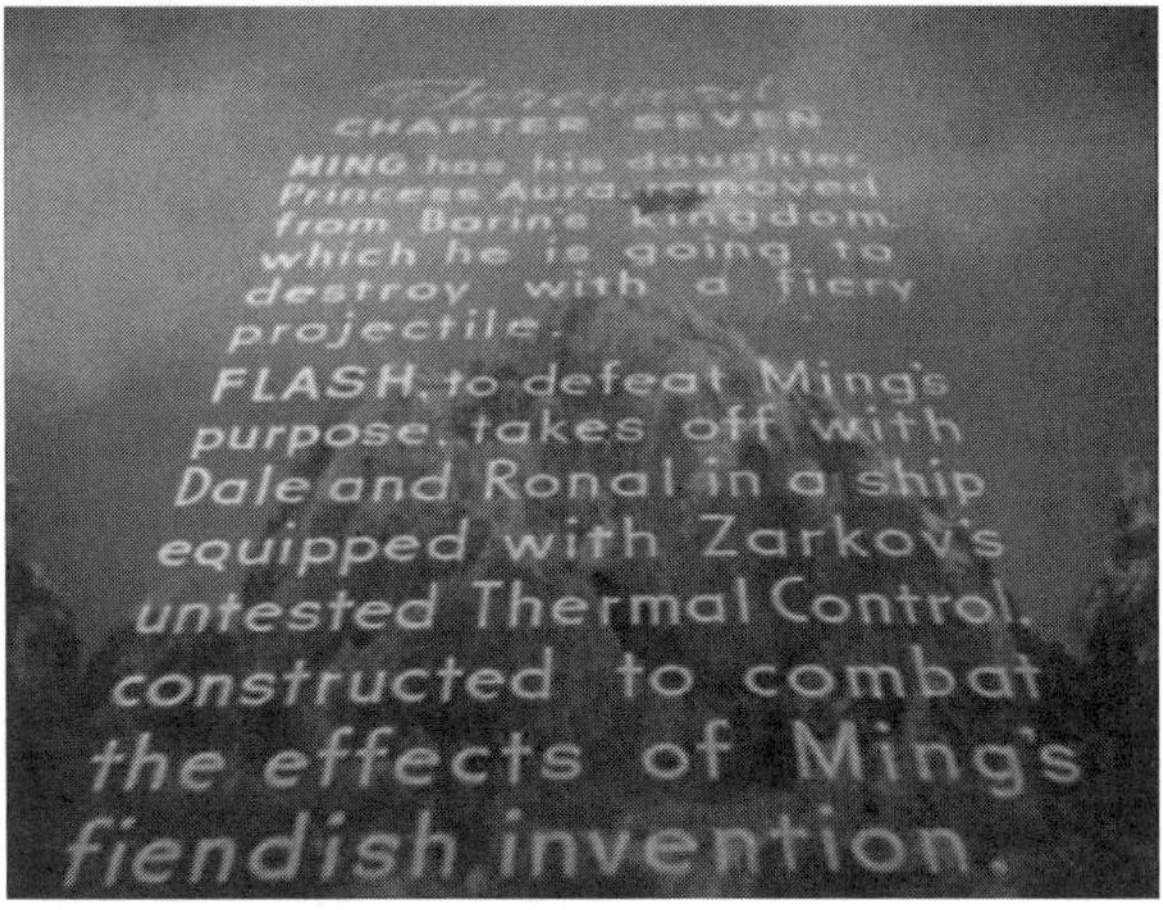

連続活劇版「フラッシュ・ゴードン」の第3作「謎の惑星モンゴ」(1940年)第7話のオープニング・クロール

沿った形でせり上がっていったことから、画面下から文字がせり上がってくる演出を「大平原スタイル」と呼んでいたわけだ。

さて、クラブ版のフラッシュ・ゴードンは全部で三シリーズあった。最初の「フラッシュ・ゴードン　スペース・ソルジャーズ」が一九三六年製作、第二作の「フラッシュ・ゴードン　マーズ・アタック」（日本では再編集版が「超人対火星人」のタイトルで公開）が一九三八年製作、第三作の「フラッシュ・ゴードン／謎の惑星モンゴ」が一九四〇年製作だ。

第一作のあらすじ説明は、単純にタイトルカードが出て文字で説明するものだが、第二作になるとイラスト付きの紙芝居スタイルになる。そして、第三作になって初めて「大平原スタイル」で文字がせり上がってくるのだ。これは、その前年に公開された「大平原」を観た製作者が、気に入って次の作品で採用したとみていいだろう。

そのため「スター・ウォーズ」のクロールを「大平原スタイル」と呼ぶのは間違いではないし、かたや直接影響を受けたのが「フラッシュ・ゴードン」と言うのも正しいのである。

二分化するSFの潮流

話を元に戻そう。

ＴＶの登場に伴って、ＳＦ連続活劇がその発表の場をスクリーンからブラウン管に移していった頃、長編ＳＦ映画の世界では、娯楽性の高い作品とメッセージ性の高い作品が混在していた。

一九五一年にロバート・ワイズ監督の「地球の静止する日」が公開され、五三年には「惑星アドベンチャー」「宇宙戦争」が、五五年には「宇宙水爆戦」、五六年には「禁断の惑星」といった具合だ。そして、五九年にスタンリー・クレイマー監督が「渚にて」を発表した頃から、ＳＦは徐々にシリアスなテーマを持った比較的地味な作品が続いていく。

たとえば一九六二年には、ジョン・ウィンダムのＳＦ小説「トリフィド時代」を映画化した「人類ＳＯＳ！」が公開され、六六年にはフランソワ・トリュフォーがレイ・ブラッドベリの原作を映画化した「華氏４５１」を発表している。同年にはアイザック・アシモフが企画協力した「ミクロの決死圏」も作られ、娯楽要素満載な上にラクエル・ウェルチのお色気が盛り込まれ人気を博した。

そして六八年になると、「２００１年宇宙の旅」や「猿の惑星」が公開され、大センセーションを巻き起こす。

「2001年宇宙の旅」はハードSFの金字塔だ。また、娯楽作と見られることもある「猿の惑星」も、有名なラストシーンに見られるように、冷戦時代に対する警鐘を鳴らす痛烈な風刺を打ち出した作品だった。大衆からも批評家からも評価された両作によって、その後の長編SF作品の「あるべき姿」は決定づけられたと言える。

六九年には「宇宙からの脱出」が公開され、七一年には「ジュラシック・パーク」の著者マイケル・クライトンの出世作「アンドロメダ病原体」が映画化される。キューブリックの問題作「時計じかけのオレンジ」、そしてルーカスの「THX1138」も同じ七一年だ。

七二年になると、「2001年宇宙の旅」にも参加したVFXの大御所ダグラス・トランブルが監督を務めた「サイレント・ランニング」、カート・ヴォネガット・ジュニアの小説を「明日に向って撃て！」(一九六九年)のジョージ・ロイ・ヒルが監督した「スローターハウス5」、レムの原作をソビエトの巨匠タルコフスキーが監督した野心作「惑星ソラリス」が公開。七三年には「イルカの日」「ソイレント・グリーン」「ウエストワールド」、七四年には「未来惑星ザルドス」「ダーク・スター」、七五年には「ローラーボール」といった具合に続く。

一九七四年には「B級映画の王」であるロジャー・コーマンが「デス・レース2000年」を製作しているが、その面白さはともかく、所詮はB級映画のクォリティだ。いわゆるメジャー級映画の主流は「ハードSF」であり、SF冒険活劇は完全に「過去のもの」となっていた。

こうした現状は多くのことを示唆しているが、それを正確に読み取れなかったために、数年後に多くの映画関係者の立場が危うくなったのである。

ディズニーの圧倒的な強さ

では、SF以外の映画業界の流れはどうだったのだろうか?

ここで「もっとも大衆に支持された映画は何か」という観点から、一九五〇年から六九年までの二〇年間で、全米年間興行収入一位になった二〇作品のタイトルと興行収入を見てみよう。

映画情報サイト「BOX OFFICE MOJO」によると、一九五一年の平均入場料は五三セントで、六九年になると一ドル四二セントと変遷しているが、アニメとミュージカルなど

西暦	年間ナンバーワン作品	全米年間興行収入
1950年	シンデレラ	3410万ドル
1951年	クォ・ヴァディス	3000万ドル
1952年	これがシネラマだ	4160万ドル
1953年	ピーター・パン	8740万ドル
1954年	裏窓	2600万ドル
1955年	わんわん物語	9360万ドル
1956年	十戒	8540万ドル
1957年	戦場にかける橋	3330万ドル
1958年	南太平洋	3680万ドル
1959年	ベン・ハー	7300万ドル
1960年	恋をしましょう	4480万ドル
1961年	101匹わんちゃん大行進	1億5300万ドル
1962年	西部開拓史	4650万ドル
1963年	クレオパトラ	5780万ドル
1964年	メリー・ポピンズ	1億230万ドル
1965年	サウンド・オブ・ミュージック	1億6320万ドル
1966年	バージニア・ウルフなんかこわくない	2800万ドル
1967年	ジャングル・ブック	1億4180万ドル
1968年	ファニー・ガール	5850万ドル
1969年	明日に向って撃て！	9670万ドル

（出典：Third Millennium Entertainment）

を除けば、いずれもシリアスなテーマを扱った史劇、西部劇、戦争映画が多数を占めている。

そんな中でも注目すべきは、ディズニーアニメの圧倒的な強さだろう。特に一億五三〇〇万ドルを記録した一九六一年の「101匹わんちゃん大行進」は特筆すべき成績だ。同年にはあの「ウエストサイド物語」が公開されて超ロングラン大ヒットを飛ばし、日本でも一年以上もロードショーされていた。にもかかわらず、この年の興行収入では四三七〇万ドルで二位に甘んじている。驚くべきことに「101匹わんちゃん大行進」は「ウエストサイド物語」を三倍以上も引き離しているのだ。

一九五〇年代から六〇年代は、ハリウッド映画にとって大転換期でもあり、その表現方法にも多くの変革がもたらされた時期であった。そして実質的には一つの円熟期を迎え、徐々に衰退が始まっていた時期でもある。

そうした時期に、すでに「子供の映画」と見なされていたアニメーション映画が、数々の大作を蹴散らす結果を出していたことに、なぜ他の映画会社は注目しなかったのだろうか？　のちに、同じように「子供の映画」と見なされて、公開前には悲観的な風聞に包まれた「スター・ウォーズ」が、歴史的超ヒットとなった結果を予見できる判断材料が、すでにここで示されているのに！

子供と大人を同時に魅了する

お子さんをお持ちの方ならよくご存じだと思うが、子供はとにかく気に入ったコンテンツは繰り返し楽しもうとする。たった今読み終えた絵本を「もう一回最初から！」とねだられた人も多いはずだ。

映画の場合、ディズニーはレーティングが「G」、つまり何の制限もないジャンルに認定されることがほとんどだが、幼児たちだけで映画館に行くなんてことはまず考えられないので、当然大人が同伴することになる。そして、時間を置かずして「また観たい！」となる。

いくらテレビが台頭してきた時代とはいえ、大スクリーンに繰り広げられる映像体験はまだまだ他の追随を許さない状況であった。結果論だが、「子供たちを夢中にさせる内容」を持ちながら、同時に「大人をも夢中にさせられる」ことができれば、その映画の成功は約束されたものだし、その典型例が結局のところ「スター・ウォーズ」だったのだ。

しかし、こうした「子供向け」に対する偏見はスター・ウォーズ以後も続いている。たとえば、今やスター・ウォーズに迫る勢いで急激に世界観を広げ、人気を集めている「マーベル・シネマティック・ユニバース」（ＭＣＵ）の作品も、その第一作となった「アイアンマン」（二〇〇八年）を映画化する際は、「子供向けだ」という理由で、三〇人もの脚本家に断られたのだそうだ。

では、こうした「子供向けだ」と敬遠してしまう業界人たちは、どのような作品を作りたいのだろうか？　それは、ハリウッドの本流であり、王道ジャンルの作品だろう。しかし、そうしたジャンルがことごとく頭打ち状態になっていたことを、ちゃんと見抜けていた製作者はほとんどいなかった。

そこで、その「頭打ち状態」がどのようにして起きていったのかを考えてみたい。

映画はいかに行き詰まったか

一九三五年、テクニカラーを採用した世界初の総天然色長編映画「虚栄の市」が公開され、トーキーに次ぐ第二の革命を映画にもたらした。その後も映画は「娯楽の王」として世界に君臨し、四〇年代末まで黄金時代を謳歌していたが、徐々に、しかし確実にテレビに追い上げられていた。

そのため映画はワイドスクリーン化が進み、より大きな、より迫力のある画面で、家庭では味わえない映像体験を与えるメディアへと変貌する。それは必要に迫られての変化だったが、結果的に映像表現の可能性を飛躍的に広げることになる。その後、超大作スペクタクル映画や一大叙事詩的な歴史絵巻物、ミュージカルなどが人気を集めた。

ルー・ウォーレスの大ベストセラーの三度目の映画化である「ベン・ハー」(一九五九年)といった史劇、コーネリアス・ライアンのベストセラー・ノンフィクションの映画化である「史上最大の作戦」(一九六二年)に代表される戦争映画、さらにはブロードウェイの大ヒットミュージカルを映画化した「マイ・フェア・レディ」(一九六四年)、「サウンド・オブ・ミュージック」(一九六四年)などだ。

これらの作品に共通するのは「映画以外の媒体で絶大な成績を収めていた」ということだろう。当然ながら、映画業界は「ベストセラー小説の映画化」や「大ヒットした舞台の映画化」に夢中になる。

しかし大いなる繁栄の後に続くのは、いつの時代も「衰退」の二文字だ。映画業界も、数々の名作が生み出されるのと同時に、すでに表現方法としてはピークを迎えていた。

この流れにオーバーラップするように、世界では映画の全く新たな表現方法が模索されていた。フランソワ・トリュフォーやジャン＝リュック・ゴダールに代表される「ヌーヴェルヴァーグ」を筆頭に、膠着《こうちゃく》した映画技法を打破する若い新たな才能が、一九五〇年代末から開花していたのである。その波はやがてハリウッドにも押し寄せ、「アメリカン・ニュー・シネマ」というムーブメントとなっていくのだが、その詳細を語ることは本書の目的ではないため、この程度の言及にとどめておこう。

ここでは、ハリウッド映画に変革をもたらした他の要因に注目したい。

西部劇の隆盛

アジア・ヨーロッパなどと異なり、アメリカには「長い歴史」というものがない。二〇一五年現在で建国二四〇年程度で、初の西部劇映画「大列車強盗」が公開された一九〇三年当時は、建国からわずか一二七年が経過していたにすぎない。

それゆえ、アメリカを舞台とした物語は必然的に、西部開拓の歴史を描いたもの（「西部開拓史」〈一九六二年〉など）、南北戦争そのもの（「國民の創生」〈一九一五年〉など）、それを背景とした壮大なドラマ（「風と共に去りぬ」など）といったシリアスなものから、前述の「大列車強盗」のような犯罪ものや、「駅馬車」（一九三九年）や「荒野の決闘」（一九四六年）に代表されるヒーローものまで、多岐に渡って存在した。

これらは「古き良き時代」への郷愁も手伝って、広い意味での「西部劇」という一大ジャンルを成し、娯楽の王道となった。

当然ながら、映画に先立って小説という媒体での繁栄が見られ、やがてそれらを原作として多くの西部劇映画が作られていった。一九〇二年にはオーエン・ウィスターの「ヴァージニアン」がすでに評判となっており、一九一四年にセシル・B・デミルが映画化したのを皮切りに、一九二九年のゲイリー・クーパー主演のものも含め、幾度も映画化されている。

他にもアーネスト・ヘイコックス原作による「駅馬車」「大平原」、ジョン・W・カニングハム原作の「真昼の決闘」(一九五二年)、アラン・ルメイ原作の「捜索者」(一九五六年)、「許されざる者」(一九六〇年)、ジャック・シェーファー原作の「シェーン」(一九五三年)といった具合に、多くの著名な映画が小説を原作としている。

人気のジャンルであるがゆえに大衆の需要も大きく、それに応えるために供給量も膨らんでいった。結果として良質な小説はA級映画に、そして粗製濫造《らんぞう》された低レベルな作品はB級映画をフィールドに……といったように、それとなく分岐もしていった。

娯楽ジャンルとしては、たとえばＳＦやミステリー、ホラーといった小説も、西部劇と同じく二〇世紀初頭には一定の需要を獲得していたが、これらはいわゆるパルプ・マガジンを主体とした媒体での供給が主だったようだ。パルプ誌が低俗と見なされていたこともあり、大衆からの普遍的な支持は得られなかった。また、一部例外はあっただろうが、大体において西部劇のように歴史の重みや、歴史的事件によって翻弄された人々のドラマを作りにくかったことも、これらのジャンルが娯楽のメインストリームにはなりえなかった理由ではないかと思う。

円熟期を迎えた西部劇

さて、急速に市場が拡大し、映画にせよ小説にせよ、多くの作品が生み出された西部劇は、早々と成熟し、転換を迫られる事態を招くことにもなった。

一九一五年の「國民の創生」は人種差別的表現が酷いと非難され、上映禁止運動まで引き起こした。それは、やがて主として悪役キャラとして描かれていたアメリカ先住民である「インディアン」（この呼び名ものちに「ネイティブ・アメリカン」という呼称に改められることになる）への不当な扱いに対する非難へと発展。先住民への差別に抗議したマーロン・ブランドが、「ゴッドファーザー」で受賞したアカデミー主演男優賞の授賞式参加を拒否する事態となった。

すでに一九五〇年代には、インディアンを悪役にするのではなく、むしろ彼らの文化や事情への理解を促す作品、悪徳牧場主の暴挙に立ち向かう人々を描くといった作品が増えていた。こうした変化は、結果的には西部劇にジャンルとしての奥行きを与えることとなり、後世に残る名作が次々に送り出されることともなった。

しかしそれは、円熟と呼ぶこともできたが、同時に衰退の始まりでもあった。

凄腕の早撃ちガンマンや、その反対にひ弱な主人公が勇気を振り絞って悪に立ち向かうといった姿は見ごたえがあるが、長年にわたって同じようなストーリーばかりでは、さすがに観客も飽きてくるというものだ。

西部劇の代名詞的存在だったジョン・ウェインも、「リオ・ブラボー」(一九五九年)、「リバティ・バランスを射った男」(一九六二年)、「エル・ドラド」(一九六六年)といった作品で気を吐いていたが、待望のオスカーを受賞した「勇気ある追跡」(一九六九年)がおそらくピークだろう。その七年後の「ラスト・シューティスト」(一九七六年)で、がんを患《わずら》って余命いくばくもない射撃の名手という、ほとんど彼の実際の姿にオーバーラップする役柄でそのキャリアを終えている。

結果として、西部劇は「勧善懲悪」という骨組みを抜き取られてしまった。代わってサム・ペキンパーが「ワイルドバンチ」（一九六九年）で描いたバイオレンス描写は、一世を風《ふう》靡《び》することにはなったが、やはり本流にはなりえなかった。

なぜ西部劇は飽きられたか

こうして西部劇は「飽きられ」てしまった。

もちろん、西部劇を愛してやまないファンは常に存在していたが、それは大衆の大多数ではなかった。大衆は常に「新しい刺激」を求め続ける。かつて画面に向かって疾走してくる列車に驚いた人々が、あっという間に「映画」というメディアに順応し、もはやそんなものには興味を持てなくなったのと同様に、延々と見せられた西部劇の「パターン」に新鮮な魅力を感じなくなったのではないか。

西部劇は、やはり「過去の出来事」を描いた物語だった。たとえば、ＳＦのように月への冒険が火星へと、やがて銀河系規模、宇宙規模へと広がっていき、世界観を無限に拡大できた事情とは異なる。西部劇も様々なテーマを盛り込んではいたものの、「閉じた世界」

での物語でしかないため、ジャンルとして頭打ち状態になってしまったのではないか。

近年でも、西部劇は確実に製作され続けてはいる。しかし、たとえば痛快娯楽だった「勇気ある追跡」をリメイクした「トゥルー・グリット」(二〇一〇年)は、映画としては上質なものだったが、そこに活劇としてのカタルシスはなく、思索的な作品へと変貌してしまっていた。もちろん、そのような変貌をさせなければ、今さらリメイクする必要などないわけで、「トゥルー・グリット」は極めて正しいリメイクだったと言える。

しかし批評家は喜んでも、大衆は違う。彼らが手放しで拍手喝采《かっさい》したのは、圧倒的に不利な状況の中たった一人で両手に銃を持ち、疾走する馬にまたがりながら豪快にウィンチェスターを振り回して、弾を装塡《そうてん》する主人公ルースター・コグバーンの雄姿だったのではないか。

それこそが西部劇が持っていた人気の本流であり、哲学的、あるいは思索的な作品は、あくまでも支流だったのではないだろうか。

こうしてエンターテイメントとしての「本流」を失ってしまったがために、西部劇は衰退していったのではないか。そう考えるのも、あながち的外れとは思えないのだが……。

そんな西部劇の魅力を蘇《よみがえ》らせようとする努力は当然ながら続けられている。「帝国の逆襲」と「ジェダイの帰還」、そして「レイダース／失われたアーク《聖櫃》」の脚本を手がけたローレンス・カスダンは、西部劇の「面白さのエッセンス」を凝縮し、さながら西部劇の醍醐味《だいごみ》カタログのような秀作「シルバラード」を一九八五年に送り出している。

最近では、クエンティン・タランティーノがB級西部劇のテイストをプンプンさせながら、現代的なアップデートを実現した「ジャンゴ　繋がれざる者」（二〇一二年）を作っている。

それでも、残念ながら西部劇完全復活となるほどの影響力はない。それが西部劇というジャンルの限界なのだろう。

戦争映画の変貌

さて、アメリカが経験した戦争は、独立戦争、南北戦争、そして第一次世界大戦などがあったが、娯楽作品のジャンルとして確固たる地位を築いたのは、やはり第二次世界大戦ものだろう。

大戦前にはチャップリンが「独裁者」（一九四〇年）でナチスへの痛烈な風刺を放ち、参戦後の一九四二年には戦時メロドラマの傑作「カサブランカ」が公開されるなど、戦争映画はその始まりの時点ですでにバラエティに富んでいた。

その後も「地上《ここ》より永遠《とわ》に」（一九五三年）といったドラマ、「ミスタア・ロバーツ」（一九五五年）や「ペティコート作戦」（一九五九年）といったコメディ、そして「戦場にかける橋」（一九五七年）、「史上最大の作戦」（一九六二年）、「大脱走」（一九六三年）、そして第一次大戦ものだが「アラビアのロレンス」（一九六二年）といった大作が、興行的にも批評的にも優れた結果を残していた。

その他にも、「ナバロンの要塞」（一九六一年）、「眼下の敵」（一九五七年）、「バルジ大作戦」（一九六五年）、「頭上の敵機」（一九四九年）、「特攻大作戦」（一九六七年）、「暁の出撃」（一九七〇年）、「砂漠の鬼将軍」（一九五一年）など、とにかく無数の戦争映画が作られていた。

こうした状況から、戦争映画にも西部劇と同様、飽きられてしまう危険性があった。しかしそれ以上に、現実の社会情勢が、従来のような作品を成立させにくい状況を作り始めていた。

膠着状態にあったベトナム戦争の影である。進展もなく、長きにわたる介入によって戦費はかさむ一方で、人種差別撤廃運動や学生運動とも連動した反戦運動は、次第に広がりを見せていた。アメリカ本国での批判は、戦地の兵士たちの士気にも少なからず影響する悪循環もあった。

そうした中で、単純にヒーローや勇者を描いた作品は空々しく映る。ベトナム戦争を肯定的に描いた「グリーンベレー」（一九六八年）は、興行的には失敗しなかったものの、作品としての評価は分かれた。ナチスを悪役に据えた戦争映画は、プロットとしてはまだ有効だったが、現実に苦いベトナム戦争が進行している中で、能天気な戦争ヒーロー映画には醒めた反応しか集まりそうもないことは容易に想像できるだろう。

そうした中、一九七〇年のアカデミー作品賞に輝いた「パットン大戦車軍団」は、戦争映画の醍醐味を含みながら、パットン将軍の強烈な個性を「強きアメリカ」のメタファーとしても描いてみせ、それが時代の流れの中で空転していく様を映し出した。戦争の大義、役割、そして功罪を浮き彫りにした、テーマ性重視の作品に仕上がっていた。それは、正に戦争映画というものが持つ可能性の集大成でもあり、紛れもなくひとつの頂点であった。

結果的に、「娯楽作品」としての戦争映画は急速に衰退し、その後は西部劇と同様、社会的なメッセージ性の高い作品が主流となっていくことになる。

史劇の凋落

ハリウッドにおいて、「イントレランス」（一九一六年）、「十誡」（一九二三年）、「ベン・ハー」（一九二五年）といった史劇は、サイレント時代からの定番であった。そして、トーキー、カラー、ワイドスクリーンといった進化を映画が遂げていく中で、史劇はその壮大さを表現する上で、正に「映画ならでは」の醍醐味を与え続けてきた。

そのスケールの大きさから大衆にも人気で、「聖衣」（一九五三年）、「ディミトリアスと闘士」（一九五四年）といった連作、「十戒」（一九五六年）、「ベン・ハー」（一九五九年）、「スパルタカス」（一九六〇年）といった名作も生まれた。

しかし、一九六三年の「クレオパトラ」は、四四〇〇万ドルという巨費（現在の貨幣価値で三五〇億円以上）を投じたにもかかわらず、二〇世紀フォックスの利益はその半分程度にしかならなかった。そのため、撮影所の広大な敷地の一部を売却する羽目に追い込まれ、会社自体も倒産の危機に瀕することになった。

翌年のパラマウント作品「ローマ帝国の滅亡」も「クレオパトラ」の半分以下の製作費だったが惨敗。こうした背景で、オールスターキャスト、長い上映時間、限られた題材（一九五九年の「ベン・ハー」はすでに三度目の映画化だった）の史劇は、その全盛期をあっという間に終わらせてしまった。

新興ジャンルの台頭

六〇年代後半にハリウッドのメジャースタジオの業績が低下し、他業種の大企業から買収されるほどの事態になっていた背景には、もちろんテレビに観客を奪われたことも大きいが、これまでに述べたような「映画業界における自然淘汰」もあったと考えていいだろう。

ハリウッドの代名詞とも言えるミュージカルも、一九六八年の「ファニー・ガール」以後は衰退した。ギャング映画や刑事ものといったジャンルも、一部に安定した人気を保っていたものの、大きなブームを作り出すまでには至らず、すでに「B級映画」に格落ちしていたホラー映画同様、観客からも飽きられていた。もちろん、六七年の「俺たちに明日はない」のような作品もあったが、あくまでもこれは例外だった。六八年に公開された「暗殺」は批評家の評価が高かったにもかかわらず惨敗していた。

以上のような、あらゆるジャンルを巻き込んだ「低迷の時代」は、それまでの実績を見直し、映画本来の魅力や新たな可能性を模索する動きにつながっていく。ベテラン映画作家たちの時代は過ぎつつあり、低予算映画の監督や大学で映画を学んだ新世代の中から、新たな才能を発掘しようという流れになっていったのである。

一九七一年の「フレンチ・コネクション」は、ドキュメンタリー出身のウィリアム・フリードキンの名を一躍高めた作品だ。清廉潔白ではない、等身大の人間味あふれるドイル刑事によって「アンチヒーロー」という形で「刑事もの」を蘇らせた。その流れは、同年公開の「ダーティハリー」の大ヒットと共に確固たるものになっていく。

続く七二年には「ゴッドファーザー」が登場し、ここにギャング映画も復活した。「ゴッドファーザー」は、それまでのギャング映画のようなドンパチ主体の映画ではなく、あくまでも人間ドラマであり、家族の物語として揺るぎないビジョンを持っていた。バイオレンスシーンは少ないものの、マイケル・コルレオーネのソロッツォ暗殺場面や、ソニー・コルレオーネが惨殺される場面など、強烈なインパクトの演出で観客を魅了した。

また、七〇年の「大空港」、七二年の「ポセイドン・アドベンチャー」、七四年の「タワーリング・インフェルノ」といったパニック映画は、古きなつかしき「グランド・ホテル形式」(複数の登場人物たちのドラマがクライマックスに収斂《しゅうれん》していくパターン)の新たな方程式となり、七五年の「ジョーズ」でホラー映画の要素も兼ね備えた「動物パニック映画」というジャンルへと派生していった。

しかしパニック映画も、地下鉄、スタジアム、果ては高速道路の渋滞にまで題材が広がり、さすがに「やりすぎ感」が蔓延した。動物パニックも、シャチ、グリズリー、ピラニアなどから、やがてハチ、ミミズ、タコと歯止めが利かなくなってしまい、早々と淘汰《とうた》されることになった。

そんな中で七三年に社会現象にもなった「エクソシスト」は、長年の間さげすまれてきたホラー映画というジャンルに、潜在的なニーズが存在していたことを示した作品だ。それまでの定番だったドラキュラ、狼男、ミイラ男、フランケンシュタインといった題材ではなく、「悪魔」というキリスト教文化圏ではより切実な恐怖を全面的に取り入れたこともあって、大衆の熱狂的な支持を獲得した。

考えてみれば、こうしたホラー映画、前述した刑事もの、ギャング映画なども、以前のハリウッドでは「見下されていたジャンル」だ。しかし、それゆえにジャンルとしての成熟は当時まだなされておらず、結果的に、新たな段階にアップデートされた形でその後も発展していくことになった。

スター・ウォーズ登場の必然性

ここでSF映画だ。

ハリウッドの本流で起きた自然淘汰によって、ホラーやギャングもののように新たな地位を獲得できる可能性を持ったジャンルの中で、SFは最も繁栄の可能性を持っていたと言える。

スター・ウォーズを例にしてみよう。戦争映画における圧倒的な悪役だったナチスは帝国軍として生まれ変わり、西部劇のヒーローであったガンマンは黒いベストにガンベルト姿のハン・ソロとして取り入れられた。西部劇の定番である「酒場での早撃ち」まで披露するほどだ。

ここでポイントとなるのは、「遠い昔、はるか彼方の銀河系」での話であるがゆえに、戦争描写にベトナムの影が被ることはなく、西部劇の悪役も人種的な問題はクリアされ、横暴な異星人がレーザーガンの前に倒れるといった寸法で、簡単に言えば「いいとこ取り」ができているのだ。

また、エドガー・ライス・バロウズの「火星のプリンセス」で描かれた「囚われた姫の救出」、E・E・スミスの「銀河パトロール隊」をはじめとするレンズマンシリーズにみられる「銀河の平和を守る超人的能力者たちの活躍」、フランク・ハーバートの「デューン／砂の惑星」で描かれた「莫大な富を生むスパイスの存在」など、これらの小説で描かれた世界観は奇想天外で多くの子供たちを魅了してきたが、その壮大さから当時は「映像化は不可能」と言われていた。これらの要素も全てスター・ウォーズの中に巧みに取り入れられ、「古き良き冒険活劇の魅力」と「SF小説が持っていた壮大な世界観」を作り出すことに成功している。

スター・ウォーズが取り入れた娯楽映画のエレメントは、それこそ無数に存在していて、該当しないジャンルはミュージカルぐらいだろう。

SFという可能性

そもそも質の高いSF小説は、それ自体が高度な観察、分析、推論によって構築される未来社会学的な物語がほとんどで、かつて「空想科学小説」と呼ばれていた言葉通り、インテリジェントなものだ。

だが大衆は「空想」という言葉から「安易な」「安っぽい」といった印象を持ち、それゆえ「SFなんかくだらない」といった不当な誤解を受け続けてきたジャンルだった。

一方で、そうした偏見なしにSFに親しんでいた人たちは、その可能性を探求し続けてきたし、それは映画の世界でも同様だった。「スター・ウォーズ」以後に公開された大ヒット作「未知との遭遇」（一九七七年）、「エイリアン」（一九七九年）、「スーパーマン」（一九七八年）といった大作が、いずれも「スター・ウォーズ」の公開前、七〇年代の前半から企画開発が進められていたことを見落としてはいけない。

つまりクリエーターたちは、ルーカスに限らず、SF作品の需要を見抜いていたし、それを実現するための努力を重ねてきていたのだ。

スピルバーグの「未知との遭遇」実現の背景には「ジョーズ」の成功があったし、「三銃士」（一九七三年）、「四銃士」（一九七四年）といった連作で成功したサルキンド親子が、「スーパーマン」のGOサインを勝ち得たことも理解できる。そして「エイリアン」は、長らくフォックス社内で棚上げされていたものが、「スター・ウォーズ」の超ヒットによって本格的に動き出したという経緯がある。

結局のところ、モチベーションは主としてクリエーター側にあり、メジャースタジオは何ら建設的な判断ができていたわけではなかったのだ。実際、ここに挙げたヒット作は全て外部からの持ち込み企画である。

無意味な市場アンケート

メジャースタジオの一番の失策は、業界をリードすべき立場にいながら、結局のところは、過去の成績と現在のマーケティングデータだけを頼りに判断していたことだ。

「スター・ウォーズ」の製作段階で、フォックスは大衆向けのアンケート調査を行っており、その結果は「人々はSF冒険活劇を観たいとは思っていない」というものだった。公開後の大ヒットを受け、重役たちはこうした調査結果をシュレッダーにかけたそうだが、この時、フォックスに限らず、スタジオ各社はデータの収集方法を見直すべきだっただろう。

「SF冒険活劇映画を製作する」にあたって、「人々はそういう映画を観たいと思っているか?」というアンケートを実施する。そこまでは間違っていないだろう。問題は「そういう映画」とはどんな映画なのか、という定義づけだ。

当時、多くの大衆にとって、「SF冒険活劇映画」とは、「低予算、雑な脚本、安っぽい特撮、魅力の薄いキャスト」のイメージしかなかった。だからこそジャンルとして衰退していたのだ。

ルーカスが作ろうとしていたものは、こうした欠点を補った「新しい時代のSF冒険活劇」だった。その「新しさ」を質問の前提にしなければ、データ収集は意味をなさない。たとえそうしたとしても、映画製作の素人である大衆が、完成した映画のポテンシャルを想像できる可能性は極めて低い。

つまり、こうした「大衆の意見」はあくまでも参考材料にとどめておくべきなのだが、「スター・ウォーズ」公開前のフォックスの重役たちは、このリサーチ結果だけをもってして、公開に強く反対を続けていた。

「映画の理想」を追求する

もうひとつ指摘しておくべきことは、業界内で開拓精神が失われていたことだろう。再三にわたってSF映画の企画が検討されたことはあったが、敬遠され続けていた。それは、すでに述べたように「莫大な製作費がかかる特殊視覚効果」が一番のネックになっていたからだが、スタジオ側はその問題を解決するために、特殊視覚効果の部門を改革しようとは考えなかった。

もし各映画スタジオが、先行投資という形で特殊視覚効果部門を強化し、発展させていれば、映画の歴史もまた違ったものになっていただろう。

それでも「映画ビジネスなんて、先が読めないからこそ面白く、怖いものなのだ」と言う人がいるかもしれない。しかし「先が読めない」業界ならば、「打率一〇割」などと称賛されるピクサーの安定したクォリティや、今やスター・ウォーズ並みの映画シリーズに急成長しようとしている一連のマーベル作品の成功を、どう説明するのだろうか。

前者は、ジョン・ラセターを筆頭に、アニメーションへの夢を捨てなかった職人たちの集団である。後者は、ライセンス販売の展開ではなく、自社スタジオを設立して映画製作に乗り出したクリエーターたちの集団だ。

彼らは彼らが信じる「映画の理想」を追求し、その道のプロだから成し得るエンターテイメントを作り続けている。それは、決して市場データによって導き出された道筋などではないという事実を、業界は深く考えてみる必要があるだろう。

スター・ウォーズも、そのようにして作り上げられた映画シリーズなのだ。

末恐ろしいことに、この三社が全て、現在ではディズニーの傘下だ。正に無敵のエンターテイメント製造会社への道を突き進んでいるディズニーは、どこまで大きくなっていくのだろうか。それもまた注目していきたい。

第三章　スター・ウォーズは何を描いているのか

スター・ウォーズと歌舞伎

十一代目市川海老蔵《えびぞう》と二代目中村獅童《しどう》による六本木歌舞伎「地球投五郎宇宙荒事《ちきゅうなげごろううちゅうのあらごと》」を観た。

元禄X年、江戸の町に降り立った宇宙船から現れた衛利庵《えいりあん》たちと、その親玉の駄足米太夫《だあしべいだゆう》に、人気歌舞伎役者の市川團九郎《だんくろう》が立ち向かうという奇想天外な物語は、とにかく楽しい芝居だった。

赤く光る「銀河丸」という名の光線剣や、緑色をした「ふぉーすの達人」与駄《よーだ》の登場など、随所にスター・ウォーズを意識した演出が見られる本作は、スター・ウォーズ・ファンにとっても必見の演目だろう。

「成田屋の家の芸は荒事《あらごと》なんだし、海老蔵が新作をやるなら、最後は地球を投げるくらいのことをやってほしいね」

十八代目・中村勘三郎の言葉がきっかけになったというこの芝居は、スター・ウォーズだけでなく、「未知との遭遇」、「2001年宇宙の旅」、「トランスフォーマー」(二〇〇七年)など、古今のSF映画のパロディが満載だった。

また、成田屋のお家芸である「暫《しばらく》」「助六《すけろく》」といった名作の名場面も巧みに取り入れ、古典劇とは一味も二味も違う「新作歌舞伎」ならではの楽しさに満ちている。はじめて歌舞伎を見た人でも、様々なことに興味がわいて、その後、楽しみが無限に広がっていくような仕組みになっていた。

そんな芝居の中で、海老蔵が自ら演じる（二〇一四年一月時点の）海老蔵は、こんなことを言う。

「突き詰めてみればさ、スター・ウォーズ、あれも歌舞伎じゃん」

細かい理屈など抜きにひたすら観客を楽しませ、古今の当たり演目を換骨奪胎《かんこつだったい》して新たな娯楽を生み出していく。歌舞伎、それも成田屋のお家芸たる「荒事」の本質は、海老蔵の言うとおり、まさしくスター・ウォーズにも当てはまるものだ。

「地球を投げる」という勘三郎の発想も、「惑星を丸ごと破壊してしまうデス・スター」を髣髴《ほうふつ》させるものがある。そのデス・スターの原点を辿ってみると、E・E・スミスのレンズマンに登場した「バーゲンホルムで惑星を無慣性にし、超空間チューブを使って敵に惑星ごとぶつける」という「惑星爆弾」に通じていく。これも言ってみれば「惑星を投げる」という発想で、「地球投五郎宇宙荒事」につながっていくのが興味深いところだ。

どちらがルーツか、といったことではない。いろんな時代のアーティストたちが、それぞれの発想でスケールの大きな仕掛けを考えだして、各々の時代の人々を楽しませた、という構造が、いつの時代にも共通する良質なコンテンツの産まれる背景なのだと再認識できる。

「現代の神話」としてのスター・ウォーズ

とは言うものの、やはりヒット作の発想の原点を探ることは興味深く、また楽しいものである。そして、それがスター・ウォーズともなると、そのヒントとなった文化のジャンルも非常に幅広いため、興味が尽きないところでもある。

「質の高い娯楽作品」を作り上げていく上で、過去の作品からの引用、オマージュ、パクリなど、様々な形で作品に転化していくことは、スター・ウォーズに限らず多くの作品で行われている。

しかしスター・ウォーズほど、その作業が功を奏したものはない。結果的にスター・ウォーズは独立した商品として成立し、その後、自身が後発の作品たちに影響を与え続ける存在になった。過去作の良い部分を取り入れることで、「うま味」はそのままに、見た目と味わいはさらに昇華された。その絶妙な匙加減《さじかげん》、つまり「何を取り入れ、何を省いたのか」

を知ることは、スター・ウォーズという作品の成功の秘密に近づくことになると思う。

さて、スター・ウォーズが影響を受けたものに関しては、ファンや専門家たちによって、これまで無数に取り沙汰されてきた。

そんな中でも、個人的に辟易《へきえき》し、聞き飽きたものが二つある。それは「神話を下敷きにして……」というものと、「日本の文化の影響を多大に受けて……」というものだ。

まず神話からの影響についてだが、そもそも神話は人類の文化で「最古」の部類に属する物語なだけに、ほぼあらゆる物語は、その原点や骨格を神話に見出すことができる。スター・ウォーズの場合は、試練や成長といった「神話の持つ普遍的テーマ」をベースにしているところが特別だと識者は言う。

おそらくその通りだろう。しかし、それで全てを言い表しているとはとても思えない。

スター・ウォーズの成功によって大SFブームが起きた後、「ヘラクレス」(二〇一四年)、「タイタンの戦い」(二〇一〇年)、「ベオウルフ/呪われし勇者」(二〇〇七年)など、神話そのものを題材にした映画は数多く作られたが、その大半は興行的に失敗している。せいぜい「パーシー・ジャクソン」シリーズ(二〇一〇年〜)くらいがうまくいった例と言えるだろうが、それでもスター・ウォーズの成功には遠く及ばない。

ではいったい、なぜ大半の神話の映画化は失敗し、なぜ「パーシー・ジャクソン」は成功したのだろうか？

実は両者には明確な違いがある。それは前者が「神話そのまま」であるのに対し、後者が「神話を現代的に味付けした新しい物語」という点だ。

先ほどの六本木歌舞伎の例に留まらず、古典芸能や古典文学などは、大衆にとっては敷居が高く感じられるもので、平たく言うと「退屈」に感じやすい傾向にある。それは、作品そのものが悪いわけではない。歴史的価値はあるものの、現代のマスに向けたエンターテイメントとしては弱いのである。

日本で言えば、たとえば「日本書紀」であったり、あるいは「平家物語」といったものを映画化することに意義はあるし、過去にも何度か映画化された。しかし二一世紀の今、大衆がそれを求めるかというと、首を捻《ひね》らずにはいられないのも事実だ。だから興行的な成功を少しでも望むなら、そこには何らかの「新しさ」、それも時代の最先端を感じさせるものがなければならないだろう。

いかに「古さ」を払拭するか

ジョージ・ルーカスが当初映画化を検討した「フラッシュ・ゴードン」は、その後ディノ・デ・ラウレンティスによって映画化されたが（一九八〇年）、破滅的に悲惨な出来栄えだった。あまりにもひどいので、長い年月の間に中毒性を持ち、逆にそれが「味」になってしまった……というのは、二〇一二年の大ヒットコメディ「テッド」でのお話。

また、スター・ウォーズの原点でもあり、数多あるスペースオペラの原点でもあるエドガー・ライス・バロウズの「火星シリーズ」も、二〇一二年にアンドリュー・スタントン監督によって映画化され、これまた惨敗している。

その作品「ジョン・カーター」は、割り切ってみればなかなか面白い映画だし、現代の観客に向けて、いろいろと知恵を絞って設定変更を行い、楽しめるように仕向けていた。にもかかわらず、観客にそっぽを向かれたのは、やはり物語の舞台が「火星」だったせいだろう。

長年の間、火星は地球に近い惑星であるという理由から、火星人の存在が議論されてきた。それに付随して、多くのフィクションでも火星が扱われてきた。前述の「火星シリーズ」に端を発し、一九五三年には「惑星アドベンチャー／スペース・モンスター襲来！」

（原題は「火星からの侵略者」）といった映画も作られた。

しかし、一九六四年にマリナー四号によって史上初の火星フライバイが成功し、一九七六年七月二〇日にはバイキング一号が火星表面に着陸したことで、人類の火星に対するイメージは激変した。そこには（予想はされていたが）生命や文化の痕跡がなく、ただただ荒れ果てた感のある岩だらけの光景が映し出されていたのである。

こうした事実が日常的となった時代の大衆が、「火星を舞台に、裸同然の姿で冒険を繰り広げる地球人」の物語を素直に見られるわけがない。しかし、いかんせん「火星シリーズ」は「火星」であることがメインの要素だ。本当なら「火星ではない、どこかの宇宙に存在する架空の惑星」にでもしておけば楽しめたと思うのだが、原作の根幹をなす「火星」は変更できなかったのだと思われる。

つまり、この「ジョン・カーター」において問題となったのは「設定における古さ」であり、一方の「フラッシュ・ゴードン」で問題なのは「ディテール描写の古さ」だろう。正直、クィーンによる有名なテーマ曲以外は、ことごとくダサい「フラッシュ・ゴードン」は、公開当時からそのセンスの古さに観客たちは唖《あ》然《ぜん》としたものだった。

ルーカスはどの映画を参考にしたのか

このように、普遍的な骨格を持っていても、ディテールが古臭くては上手くいかないし、科学考証などで観客に「?」と思わせてもダメなわけだが、スター・ウォーズはそこを徹底的に上手く処理していると思われる。特に、過去の名作と呼ばれる映画を巧みに取り入れた手法は、大いに学ぶべきところがある。

そこで、ジョージ・ルーカスが第一作の「スター・ウォーズ」で取り入れた、過去の名作の「ディテール」の数々を改めて振り返ってみよう。

「意志の勝利」(一九三四年)レニ・リーフェンシュタール監督

ヒトラー自身からの依頼で、リーフェンシュタールがナチ党の第六回全国大会の様子を監督・撮影した本作は、当然ながらナチス・ドイツの宣伝色満載の作品だ。そういった意味では、世界的に高い評価をされてはいるものの、ナチ賛美の責任を問われて業界を追われることとなった一九三六年のベルリン・オリンピックの記録映画「民族の祭典」(一九三八年)に近い位置づけがなされる映画である。

ナチスの兵士たちのシルエットは、スター・ウォーズの帝国軍の造型に数多く流用されており、ダース・ベイダーのヘルメット自体も、当時のドイツ軍のシルエットをそのまま利用している。また、圧巻とも言える一糸乱れぬ行進や整列している姿などは、帝国軍だけでなく、たとえばラストのメダル授与式における反乱軍兵士たちの列の描写にも影響を与えている。

「暁の出撃」（一九五五年）マイケル・アンダーソン監督

ドイツ領地内のダムを破壊することで、ドイツ軍の機能を麻痺させることを目的とした軍事作戦を、イギリス軍と科学者たちが奮闘の末、成功させるまでを描いた作品。

ダムを守るように建てられた塔からの砲撃、三機編隊で突入し、前衛の二機が防御に回り、後衛の一機が爆弾を投下する、といった描写は、もちろんクライマックスのデス・スター攻撃のモデルになっている。目標に近づいた時点で一機ずつ点呼をとるといった描写もそのままで、作戦行動中にキャノピー（操縦席の風よけ）の外を流れていく光景を丁寧に描写している点も参考にしている。

「633爆撃隊」（一九六四年）ウォルター・E・グローマン監督

「暁の出撃」同様、デス・スター攻撃の描写で参考にされた作品。

本作の場合のターゲットは、渓谷の突き当たりに建設された軍事工場で、そこを谷が囲むようになっている点が、デス・スターのトレンチ（塹壕《ざんごう》）を思わせる。谷には無数の高射砲が工場を守るべく設置されていて、爆撃隊は砲撃にさらされながらこの谷に突入。ボール状の爆弾を投下して、ターゲットである工場に上手くぶつけよう、という作戦だ。

映画自体はさほど面白くはないのだが、クライマックスはデス・スター攻撃をイメージしながら見ると興味深い。

「真昼の決闘」（一九五二年）フレッド・ジンネマン監督

言わずと知れたゲイリー・クーパー主演の名作西部劇。クーパー演じる保安官は、ならず者ではないが、「黒いベスト」という出で立ちが正にハン・ソロだ。本作の保安官をはじめ、西部劇に登場するガンマンは、そのガンベルトを下げた姿と共にハン・ソロの原型となっている。

「用心棒」（一九六一年）黒澤明監督
映画の冒頭、三船敏郎演じる桑畑三十郎が、ジェリー藤尾演じるチンピラの腕を切り落とす場面は、カンティーナ（酒場）でオビ＝ワン・ケノービがポンダ・バーバの腕を切り落とす場面として再生産された。

この「腕を切り落とす」という場面は、のちにスター・ウォーズでも名物となり、続く「帝国の逆襲」ではルーク（ワンパも）が、そして「ジェダイの帰還」ではベイダーが腕を切り落とされている。「クローンの攻撃」ではアナキンが、「シスの復讐」ではドゥークー伯爵やメイス・ウィンドゥがそれぞれ腕を切り落とされている。

この「腕切断」という描写がスター・ウォーズで好まれるのは、（1）明らかに勝負の決着が分かること、（2）それによって物語を次の段階に移行させやすい、といった簡便さによるものだろう。

いずれにせよ、この「腕切断」はスター・ウォーズの代名詞的存在にもなり、たとえば「アイアンマン3」（二〇一三年）以降のマーベル・シネマティック・ユニバースのフェイズ2作品には、それぞれ「誰かが腕を切断される」という描写が、スター・ウォーズへのオマージュとして取り入れられている。

ちなみに黒澤の「用心棒」は、ダシール・ハメットの小説「血の収穫（原題は「レッド・ハーベスト」）」を参考にして作られたオリジナル作品だが、「ジェダイの帰還」の製作時に使われたダミータイトル「ブルー・ハーベスト」も、この「血の収穫」にちなんでつけられた名前だ。

「椿三十郎」（一九六二年）黒澤明監督

デス・スターに牽引されてしまったミレニアム・ファルコン号の隠し倉庫にルークやドロイドたちを隠して、トルーパーたちの捜索から逃れる場面は、「椿三十郎」の冒頭で三十郎が社殿の床下に若侍たちを隠して、大目付の部下たちの捜索から逃れさせる場面を引用している。

「デルス・ウザーラ」（一九七五年）黒澤明監督

黒澤監督がソビエトに招かれて作ったソビエト映画。ソ連に二度目のアカデミー外国語映画賞をもたらした。

劇中、主人公アルセーニエフとデルスが地平線を眺める場面がある。沈みゆく太陽が月と共に見える。そう、タトゥイーンの二重太陽が沈む様子をルークが見つめるあの有名な場面の元ネタである。

「頭上の敵機」（一九四九年）ヘンリー・キング監督

これまた戦争映画の名作中の名作。迫力ある空中戦は、デス・スター脱出後のミレニアム・ファルコンとTIEファイターとの空中戦に活かされている。クライマックスのデス・スター攻撃の場面でも参考にされている。

「捜索者」（一九五六年）ジョン・フォード監督

これも西部劇史上に輝く不動の名作。ジョン・ウェイン演じる主人公イーサンが帰郷した際、アパッチ族の襲撃によって焼かれていることに呆然とする場面がある。これは、ルークが叔父叔母の安否を心配して家に戻った際に、帝国軍の襲撃によって焼かれてしまった描写の参考にされた。

挙げていけばきりがないのでこの程度にしておくが、前述したように、スペースオペラの古典からもスター・ウォーズは多くのインスピレーションを受けている。

その代表例を二つ紹介しよう。

バロウズからの影響

「火星シリーズ」エドガー・ライス・バロウズ作
バロウズの作品で最も有名なのは「ターザン」だろう。彼自身、一九一七年にカリフォルニア州に建てた家を「ランチョ・ターザナ」と命名。その後、その地域自体もバロウズの功績を称え、正式に「ターザナ」という町になった。スター・ウォーズでは、デス・スター内を逃げ回るルークが、レイアを抱きかかえてロープで奈落を飛び越えるなど、ターザン的な描写も存在する。
しかし、スター・ウォーズが受けた一番の影響は、やはり火星シリーズにおける「スペースオペラ」としての真骨頂だろう。
囚われの姫を救出すべく立ち上がった若者が、危機に次ぐ危機の苦難を乗り越え、最後には勝利を獲得するという基本プロットは、スター・ウォーズの根幹でもある。

1977年の第1作「スター・ウォーズ」公開時のポスター（左）と1970年のダブルデイ社刊「火星のプリンセス」のカバー（著者私物）

第一作「火星のプリンセス」に登場するヘリウム王国の姫デジャー・ソリスは、ほとんど裸という出で立ちで、これは後のスペースオペラにおけるヒロインのビジュアルに決定的に影響を与えている。

スターウォーズの第一作「新たなる希望」では、レイア姫は露出の少ない衣装で、「女性らしさ」を前面に打ち出さない当時の風潮を反映していた。しかし、第三作「ジェダイの帰還」では、ジャバ・ザ・ハットに囚われの身となったレイアが裸同然のメタルビキニ姿で登場し、当時の青少年たちに多大なるショックを与えたものだった。このビジュアルこそが、スター・ウォーズが紛れもなくスペースオペラの歴史の流れに沿った作品であることを明確に示していた。

バロウズの「火星シリーズ」は、一九一二年の初出の時から熱狂的に迎えられたが、その後、版権の所在などが不明瞭な状態が長く続き、五〇年代頃には完全に絶版状態で復刊の兆しすらなく、長らく「幻の作品」として知られていた。だが六〇年代になると、本格的に復刊の動きが活発化し、第二次バロウズブームとなり、年間で一〇〇〇万部もの売り上げを記録した年もあったという。

一九七〇年にダブルデイ社が出版したハードカバー版は、カバーアートをフランク・フラゼッタが手掛けたこともあって、表紙目当てに購入する読者が後を絶たなかったといわれる。特に第一作の「火星のプリンセス」の表紙は、剣を高く真上に掲げるジョン・カーターと、彼に寄り添うデジャー・ソリスの姿が極めてファンタジー色溢れる描写になっている。

偶然かもしれないが、それが「スター・ウォーズ」の最初の本ポスターの構図とまるで同じになっているのも、スペースオペラのDNAと考えれば素直に納得できる。

恋愛描写の起源

さらに興味深い類似を挙げるとするならば、火星シリーズの第四作「火星の幻兵団」だろう。

本作では、ジョン・カーターの息子カーソリス（カーターとデジャー・ソリスの息子という安易な名前！）の冒険と、彼が慕うプタース国の王女サヴィアとの恋愛が描かれる。サヴィアはカーソリスに無意識に惹かれながらも、彼の愛を断固として受け入れようとはしないし、自身もその自覚がまるでない。それは、彼女には親同士が決めた許婚《いいなずけ》がいるためで、無事に帰還できた暁には、彼女はケオル王国の皇帝と結婚しなければならなかったからだ。そんな彼女も物語のクライマックスで自身の死が確定的になると、初めてカーソリスに対する気持ちを自覚し、彼に対する愛を心の中で叫ぶ。

それは、単なる偶然かもしれないが、「クローンの攻撃」のクライマックスで、それまで断固としてアナキンの愛をはねつけていたパドメが、死刑場に向かう途上で彼に対して愛を告白する場面と非常に共通している。こんなところにも、メロメロの恋愛劇というスペースオペラの要素を見いだせるのだった。

恋愛描写に関しては、「クローンの攻撃」は、とかく槍玉に挙げられることが多い。しかし、脚本のスーパーバイザーが「恋におちたシェイクスピア」（一九九八年）のトム・ストッパードであることや、火星シリーズに見られるスペースオペラの主人公たちの歯が浮くような愛のセリフの数々を知っていれば、何の変哲もない自然な描写に思える。この件に関して不満を抱き続けている人は、ぜひこの火星シリーズを一読してみることをお勧めする。たぶん「クローンの攻撃」が好きになると思う。

レンズマン・シリーズ

もう一つの古典は「レンズマン・シリーズ」である。

「レンズマン・シリーズ」E・E・スミス作

一九三七年の「銀河パトロール隊」を皮切りに一〇年以上にわたって続けられたレンズマン・シリーズは、その後のスペースオペラのあり方にも大きな影響を与えた。その第一作のタイトルにも見て取れるように、銀河を守護するパトロール隊とその歴代隊員の中でも随一の才能を誇る主人公キムボール・キニスンの活躍を描いた作品である。

「銀河を守護する」という時点で、すでに「ジェダイ騎士団」の匂いがしてくるが、実際、本作の主要構成要素である「銀河パトロール隊」は、ジェダイ騎士団と大いに共通するところがある。

高位の知的生命体であるアリシア人の導きによって訓練された候補生は、卒業時にアリシア人によって「レンズ」を授けられ、晴れてレンズマンとなる。彼らは、法と正義の執行者として、銀河中のあらゆる場所で絶大な信頼を得ており、多くの悪人たちはレンズマンの存在を脅威と考えている。主人公キムは、レンズマンたちの中でも特別な存在であり、第一巻の段階ですでに通常のレンズマンよりも高位のグレー・レンズマンとなり、第二段階レンズマンともなる。実は、彼はアリシア人たちによって慎重に計画された「選ばれし者」だった。

簡単にシリーズの背景を書くとこのような具合になるが、正にジェダイ、そしてアナキンの存在とオーバーラップする世界観だろう。中には、敵対するボスコニアを操るエッドア人が作り出したレンズを持つ「ブラック・レンズマン」などという、名前からしてダークサイドな設定も出てくる。

シリーズが進むとキムと結ばれるヒロイン、クラリッサは史上初の「女性レンズマン」となり、「レッド・レンズマン」と呼ばれる。そんな二人の間に生まれた四人の子供たちは、生まれながらにしてすでに「第三段階レンズマン」という超高位な存在で、アリシア人に与えられることなく、自ら体内からレンズを出現させることができる。

こうした展開は、たとえばシリーズ初の女性主人公となるスター・ウォーズ最新作「フォースの覚醒」と、その後に続く二作品がどのような展開になっていくのかを占う上でも非常に興味深い。特に「第三段階レンズマン」という存在が「生まれながらにして能力が覚醒している」という点で、今後のスター・ウォーズの展開のヒントにもなりうる。スペースオペラ好きからすると、非常にワクワクする事実だ。

レンズマンには、前述したようにスケールのでかい「惑星爆弾」という兵器も登場するし、敵味方入り乱れての大宇宙合戦も展開する。もちろん、エーテルの存在など古臭い設定が「火星シリーズ」ほどではなくても確実に存在するが、幸い映像作品ではないがゆえに、あまり気にせず読み進めることができる。単純にその壮大なスケールの面白さに酔いしれることができるだろう。

そして「火星シリーズ」では、木星までの広がりにすぎなかった物語のスケールが、「レンズマン」では一気に全銀河にまで広がっており、いまだに映像化はアニメ作品ぐらいしか実現できていない。そのことからも、このシリーズのずば抜けたスケール感を感じられることと思う。

「日本からの影響」は限定的

スター・ウォーズが影響を受けたものとして、神話との関連と同様に個人的にうんざりしているのが「日本文化の影響」についてだ。

もちろん、「ジェダイ」が「時代劇」から発想されたネーミングであることや、両手を使って行われる殺陣《たて》など、サムライ映画の影響は大きい。キモノなど日本の服飾文化を参考にした例も数多くある。第四作「ファントム・メナス」でダース・モールを演じたレイ・パークが、子供の頃に好きだった日本のテレビ番組「西遊記」から、殺陣の要素を取り入れていたということもあった。

しかし、たとえば「オビ゠ワンの名前は黒帯一本からつけられた」とか、「ヨーダは依田さんがモデルだ」とか、「ダース・ベイダーの造型のルーツは伊達正宗の兜《かぶと》だ」といった話は都市伝説でしかない上に、根拠も希薄な空想だ。

にもかかわらず、メディアでは大衆受けがいいこともあって、何かにつけて「スター・ウォーズには日本の文化の影響が多大に……」といった記述が後を絶たない。さらには記者会見で、「今度の新作には、どのくらい日本文化が入っているのでしょう？」なんて質問をプロデューサーのキャスリーン・ケネディに投げかける始末だ。

当然、彼女も「色々とあるかもしれません」とお茶を濁していたが、こんなものはどこの国でも言うリップサービスだ。それゆえ、なんでもかんでも日本中心に持っていこうとするメディアのあり方は、正直、恥ずかしいとさえ感じる。

スター・ウォーズは「多国籍映画」

実際、スター・ウォーズには日本以外の文化が数多く登場している。というわけで、スター・ウォーズにおける他国の影響も振り返ってみよう。

チュニジア

タターウィンという名の町がタトゥイーンの由来。

ペルー

世界遺産で知られるマチュ・ピチュ。この地域で話されるケチュア語は、ジャバ・ザ・

ハットらが使用するハット語の元になった。

南アフリカ
ズールー語がジャワ族の言語のベースとなった。

タンザニア
ハヤ族が使うハヤ語が、そのままニエン・ナンが話す言語として使用されている。タンザニアで「ジェダイの帰還」が上映された際には、ハヤ語を理解できる観客たちが大喜びしたそうだ。

カルムイク共和国とフィリピン
カルムイク語とタガログ語が、イウォーク族の言語のベースとなった。

サンスクリット語
「ファントム・メナス」で使われた「運命の闘い」の歌詞の他、パドメ（蓮）、ヨーダ（戦士）など、同言語の使用例はいろいろあるようだ。

これ以外にも、ロケ地として使われたスペイン、イタリア、イギリス、アメリカ、タイ、ノルウェーなども、当然、スター・ウォーズとは密接なつながりを持つことになる。

つまりスター・ウォーズは、言ってみれば「多国籍の文化を含有する映画」とも呼べるわけで、実際、「ファントム・メナス」におけるアミダラ女王の衣装や髪型などは、「日本の影響」と書いているメディアもあるが、実際にはモンゴルのものだ。

そういう事実も知らず、あまり「日本が！　日本が！」と連呼していては、いささかみっともないと思うのだ。

黒澤明が与えた影響

その上で、改めて「日本からの真の影響」について述べてみたい。表面的ではなく、もっと深い所での影響である。

それは当然「黒澤明」からの影響だ。「隠し砦の三悪人」（一九五八年）かって？　違うんですよ、それが！

第一作が一九七七年に世界中で大ヒットを記録し、いまだ日本での公開が実現できていなかった頃でさえ、「スター・ウォーズ」のベースに黒澤明監督の「隠し砦の三悪人」が使われていることは有名な話だった。その後、「帝国の逆襲」の製作中に、サンフランシスコで黒澤明がコッポラと共にルーカスに会った時も、コッポラは、

「彼は無断で『隠し砦の三悪人』を使ったので、あなたに訴えられないかとビクビクしているんですよ」

と黒澤本人の前でルーカスをからかい、黒澤自身は、

「うまく使ってくれたから問題ないよ」

と言ってルーカスを安心させた、という話も伝えられている。

戦国時代、百姓である太平と又七は、山名と秋月という二つの国の合戦に参加するも、ろくな活躍もできないまま、山名の捕虜として苦役に従事させられる。やがて捕虜たちの暴動に乗じて二人は脱出するが、下手に動くと山名に捕まってしまうため、どのようにして国境を超えるかを相談していたところ、真壁六郎太という侍大将と出会う。六郎太は秋月の武将で、秋月家再興のため、雪姫と埋蔵金をどのようにして同盟国の早川領へ移送するかを思案していたところだった。太平と又七の案に感銘を受けた六郎太は、二人も仲間

に加えて隠し砦を後にするのだった——。

というのが「隠し砦の三悪人」の導入部だが、狂言回しとなる太平と又七はC－3POとR2－D2のモデルとなり、「姫を連れての逃避行」という図式が、スター・ウォーズの土台として使われている。そのため、長らく「隠し砦はスター・ウォーズの原型」と言われてきた。

そのこと自体は間違いではない。ところが逆に言うと、映画になった「スター・ウォーズ」に残されている「隠し砦の三悪人」の痕跡は、このくらいしかないのだ。

一九七三年にルーカスが書いたシノプシスは、ほとんど「隠し砦の三悪人」と内容が同じで、舞台が三三世紀の未来、そして宇宙に変更されている程度だった。しかし、草稿、第一稿、第二稿と稿が重なっていくにしたがい、物語には様々な要素が追加・削除され、現在の形になっていく。

「姫を連れた逃避行」にしても、デス・スターを脱出してヤビンに到着するまででしかない。結局、「二体のドロイドが見た英雄たちの冒険の記録」という体裁が、一番の影響を残した箇所なのだ。

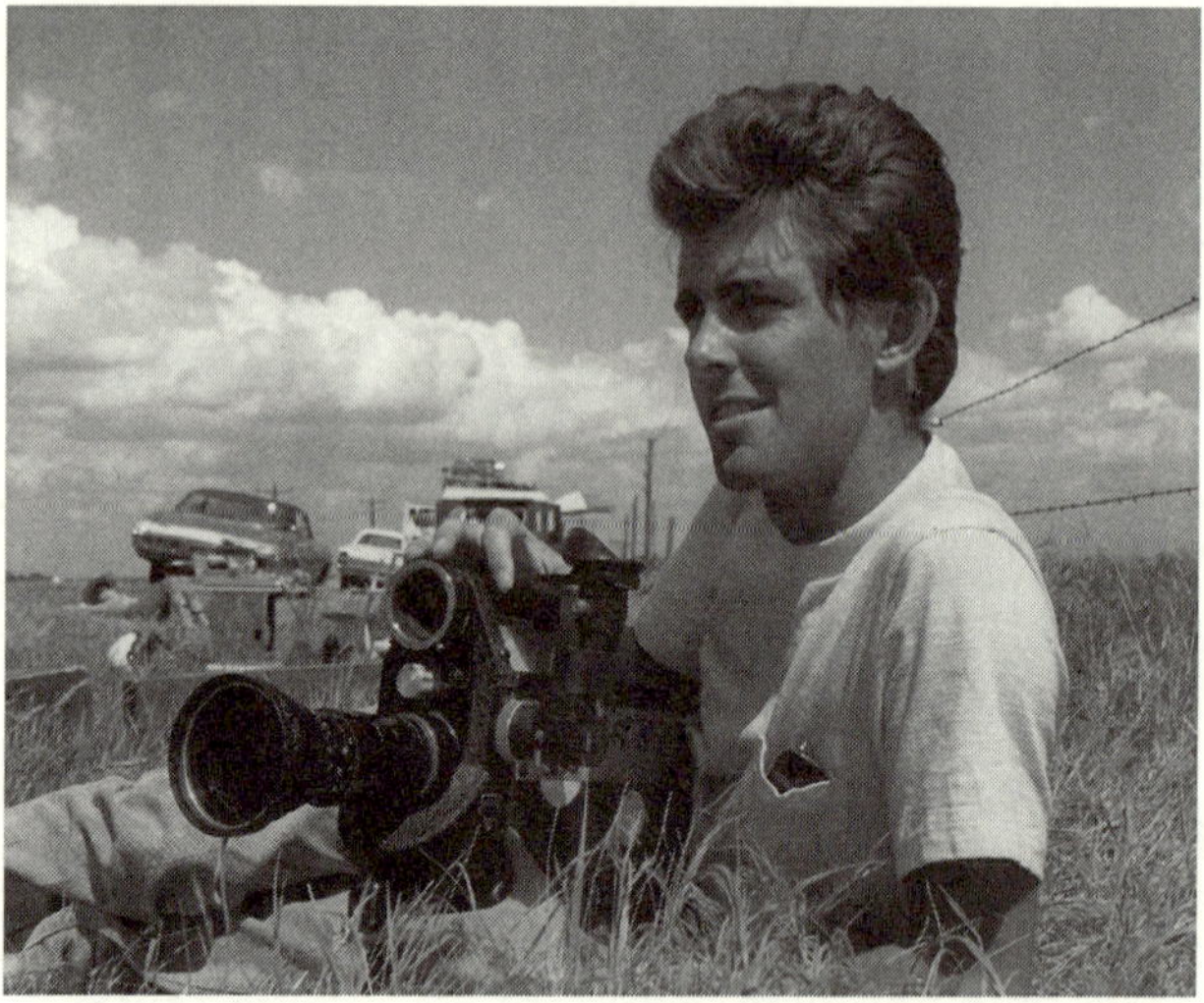

1968年、大学時代のジョージ・ルーカス（写真：ZUMA Press／アフロ）

日本映画との邂逅

それでも、黒澤明がルーカスに与えた影響は絶大だ。ルーカスは最大の影響を受けた作品として「七人の侍」（一九五四年）を挙げている。

そもそもルーカスが、日本映画、いや映画そのものを本格的に見始めたのは、南カリフォルニア大学で映画の勉強を始めてからのことだった。それ以前は滅多なことでは映画を観ることはなく、ましてや日本映画といった外国映画は、彼の住んでいたカリフォルニア州モデストでは観ることができなかった。

もし彼がモデスト時代に外国映画を

観たいと思ったら、サンフランシスコにまで足を延ばさなければならなかったし、そうしたとしても日本映画を観る機会などそうそうあるものではない。だからルーカス自身、映画の勉強を始めていたとはいえ（彼はカメラマン志望だった）、日本映画にさしたる興味があったわけではなかったのだ。

そんなルーカスに日本映画の素晴らしさを説いて聞かせていたのは、のちに「地獄の黙示録」の脚本をルーカスと共に書き、「風とライオン」（一九七五年）、「ビッグ・ウェンズデー」（一九七八年）、「コナン・ザ・グレート」（一九八二年）などを手掛ける友人のジョン・ミリアスだったという。

「もし観たら史上最高の映画だって分かるぜ！」

ミリアスは「七人の侍」の魅力を、繰り返しルーカスに語って聞かせた。他の学生たちも、ミリアス同様に「七人の侍」に魅せられていたという。そんな状況にルーカス自身は醒めた反応を示しており、それゆえ「七人の侍」に関しても「あまり意識していなかった」そうだ。

だが、やがてルーカスにも「その日」はやってきた。そして「その日」を境に、彼の人生は完全に一変してしまったという。

まったく素晴らしい！　素晴らしい映画だ！　壮大な物語に偉大な演技、ユーモアにアクションとサスペンス！　これらが魔法のように渾然一体となっている様は何度観ても信じられないほどだ！　映画の持つ芸術性がこの映画のどのコマにも宿っているんだ。

（二〇〇五年五月一四日付「テレグラフ」紙）

ルーカスと「七人の侍」

もちろんルーカスは「隠し砦の三悪人」にも感銘を受けた。だからこそ、その骨格の一部を「スター・ウォーズ」の中にR2‐D2とC‐3POという形で取り入れたのだ。

しかしルーカスは、

「『七人の侍』は、もっと多くの影響を私に与えたんだ」

と言う。

面白く人間臭い物語をいかにエキサイティングに語ることができるかという、映画の技法や可能性が「七人の侍」には満載だった。七人の個性にあふれた侍たちの他にも、数人の農民や悪人には、セリフに依存せずに彼らの背景が見て取れる。その映像による語り口の巧みさもルーカスを魅了した。

ルーカスが魅了される以前に、ハリウッドもまた「七人の侍」の虜《とりこ》になり、一九六〇年には「荒野の七人」としてリメイクされている。しかし、西部劇を代表する作品にまでなった「荒野の七人」に対しても、ルーカスの評価は手厳しい。

「西部劇として『荒野の七人』はよくできた映画だとは思うが、『七人の侍』ほど興味深く多面的な映画だとは思わないね」

多様な登場人物たちによる多様なプロットが、一本の映画に可能な限り詰め込まれている「七人の侍」の突出した魅力の原点は、そもそも黒澤明が本作を作るにあたっての動機に見て取れる。

「観客に腹一杯食わせてやろう、と。ステーキの上にウナギの蒲焼きを載せ、カレーをぶち込んだような、もう勘弁、腹いっぱいという映画を作ろうと思った」

戦後、怒濤《どとう》のように押し寄せてくるハリウッド映画に対抗し、考えうる限り娯楽の要素を詰め込んで観客を楽しませようとした黒澤の姿勢は、結果的にルーカスが「スター・ウォーズ」を構築していく上でトレースしていったものだ。

古今東西の名作から優れた部分を拝借しながらも、最新の特殊視覚効果によって時代の最先端の娯楽として再生産していった構図は、温故知新と換骨奪胎の理想的な成功例となったのだった。

反抗者の時代

ルーカスが黒澤から受け継いだものは、それだけではなかった。

黒澤からルーカスが受け継いだというよりは、むしろ二〇世紀という時代が黒澤をはじめとする世界中のアーティストたちに与えた影響が、ルーカスにも引き継がれたと言ったほうが正しいかもしれない。

産業革命や活版印刷の普及で、世界、特にヨーロッパでは啓蒙運動が盛んになった。それまで、一部の階級の人間たちしか享受できなかった「学ぶこと」による恩恵を、多くの人々が体験できるようになった。結果、世にはびこる不正や不公平といった事実も身近な現実となり、長年の間、いわれなく服従を強いられてきた社会制度に対して、人々は疑問を抱くようになった。こうして多くの国々で市民革命が起き、少しずつではあるが、世の中は平等な社会へと変革していった。

そして二〇世紀に起きた二度の世界大戦で、人類は「侵略のための戦争」に対して、決定的な嫌悪をするに至る。もちろん、様々な大義名分によって戦争を正当化する動きは今現在もあるが、大規模な戦争を起こすには相当ハードルが高い時代になった。

また、人種差別や男女差別といったものも、ゆっくりとではあるが是正され、二〇一五年には、アメリカでようやく同性婚が合法化されもした。

こうした社会的変革の背景には、多くの運動家や思想家たちの活動があった。一九世紀以来の文筆家や画家、音楽家といったアーティストたちも、様々な作品を通じて「考え、そして行動せよ」と世に訴え続けてきた。それは、キルケゴールやニーチェといった哲学者たちの叫びでもあったし、あるいはドストエフスキーやカミュ、サルトルらの作家によって世界中に広まったことでもある。

彼ら「現状に反抗して我が道を生きる者たち」は、結果的に周囲からは異質な存在と見られ、孤独な道をたどることとなる。コリン・ウィルソンはこうした人々を「アウトサイダー」と呼び、偉人だろうが凡人だろうが、その末路には破滅が待っていることを論じ、その解決策を「アウトサイダー・サイクル」と呼ばれる一連の著作で見いだそうとした。しかし、結果的には結論に至らず終わっている。

アウトサイダーたちの物語

これら「哲学の系譜」は本書の趣旨ではないので詳細は割愛するが、興味深いのは、こうした時代に世に送り出されたコンテンツのほとんどが、文学であれ映画であれ、アウトサイダーたちを主人公として描いている点だ。彼らの体験を通して、世の不条理なり冒険なりが描かれている。

火星に肉体移動したジョン・カーターも、あるいはオズの国に迷い込んだドロシーも、そして農民たちに雇われて野武士退治に乗り出した「七人の侍」も、例外なくアウトサイダーだ。

そもそも黒澤明監督自身が、日本の映画業界においてはアウトサイダー的な存在だったが、彼が描いてきたキャラクターたちもまたアウトサイダーだ。

デビュー作における姿三四郎や檜垣《ひがき》源之助しかり、「虎の尾を踏む男達」（一九四五年）は義経、弁慶主従という歴史的アウトサイダーの物語だった。あるいは「わが青春に悔なし」（一九四六年）は、ファシズムに抵抗し続けて生きる女性を描いた作品だ。さらに「酔《よ》いどれ天使」（一九四八年）での真田という医師、松永というヤクザ、「野良犬」（一九四九年）での村上刑事と犯人遊佐といった形で、善と悪の双方に存在するアウトサイダーの苦悩を描いた。

そして「生きる」（一九五二年）では、長年インサイダーとして生きてきた渡邊という市役所市民課の課長が、胃がんになったことをきっかけに、アウトサイダーとしての生き方を見いだす。七転八倒の末、小さな公園を作り上げ、そして世を去っていく物語だった。

前述したように、基本的に物語の主人公たちは、時代の流れを受けてアウトサイダーであることが多い。非日常を観客なり読者なりに提供するという「娯楽作品」の役割を考えてみても、それは必然ではある。

「共生」というテーマ

しかし黒澤の作品には、そうした中にもある一つの共通のテーマがあった。彼自身の言葉では、それは、

「なぜ人々はみんなで一緒にもっと幸せになることができないのか」

というものだ。

「彼は、現代的な表現と歴史超大作の形で、そう問いかけてきたんだ。彼はいつもその問いに強烈な形で答えてきたんだよ」

とルーカスは言う。

黒澤が願い、そしてルーカスが引き継いだテーマ。それは「共生」である。

これも時代が追究し、理想とした姿でもあった。たとえば、ニーチェも「共生」を強く訴えかけた哲学者だった。彼は否定を繰り返しながら思索を続け、ついには「全肯定」という境地に行き着いた。彼はそれを著書『ツァラトゥストラはこう語った』で主人公ツァラトゥストラに代弁させている。

全てを肯定し、全てを受け入れた上で、「共に生きる」。その境地を彼は「超人」と呼んだ。超能力といった類のものではない。人、つまり「何も考えずにただ生まれてきただけの人」は、悩み、努力することによって多くのことを理解し、結果、「人を超えた者」(ユーバーメンシュ)になることができる、と説いたのだ。

しかしそのニーチェ自身も、こうした境地を記述することはできたものの、現実には「超人」にはなれず、理解者を得ないまま絶望し、発狂と死を迎えている。とはいえ、この「全肯定をして共生する」という考えは、人類の到達しうる一つの理想像であることは間違いないだろう。

ニーチェのこの著作は、のちにリヒャルト・シュトラウスが交響詩「ツァラトゥストラはかく語りき」として音楽化した。その導入部は、スタンリー・キューブリック監督の「2001年宇宙の旅」の中で繰り返し使用され、世界的に知られるようになった。

有名になったのは「自然の動機」を主体とする導入部だけだが、この曲の中には他にも様々な「動機」が展開され、曲の終結部では「自然の動機」と「人間の動機」が交互に現れ、決して交わることはない。それは自然と人間との対立でもあり、同時に共生していかなければならないというメッセージであった。

キューブリックと黒澤

キューブリックは、こうした楽想を理解した上で、自身の映画に使用していたのだろうか。

もちろんだ！

「2001年宇宙の旅」では、「人類の夜明け」と題されたシークエンスで、人類の祖先となる猿人が外宇宙の知的生命体が送り込んだモノリスに触れて「道具」を使うことを学習する。そこから地球の支配者としての道のりを歩み始めるのだが、この「道具を学習する」場面で「ツァラトゥストラはかく語りき」の導入部がファーストシーンに次いで再び流れる。

そして映画の最後、スターゲートと呼ばれる光の洪水を通り抜けたボーマン船長は、人を超えた存在（スターチャイルド）として再生。地球を眺めながら、みたび演奏される「ツァラトゥストラはかく語りき」と共に映画は終結する。

この作品で描かれたのは人類の進化、そして人を超える存在となったボーマンと人類の「共生」である。キューブリックは、このテーマを極めて哲学的な手法で描いたが、そこに同じテーマを持ち、しかもニーチェの著作を題材とした交響詩を合わせたのだ。極めて彼らしいと言える。

一方で黒澤は、ルーカスが指摘したように、彼らしいダイナミックな表現と語り口で「共生」を描いてきた。典型的な例が、黒澤がソビエトに招聘《しょうへい》されて作った「デルス・ウザーラ」だろう。

文明社会からやってきたアルセーニエフが、ゴリド族の猟師であるデルス・ウザーラと出会う。自然と共生しているデルスの生き様、それに対するアルセーニエフの憧憬《じょうけい》の眼差し、そして文明社会に触れることで破滅していくデルス——。

大自然の壮大かつ過酷な情景を背景とし、風の音や鳥や獣の鳴き声などの環境音が、ステレオ音響によって効果的に強調されており、本作の持つテーマを見事に浮かび上がらせていた。

スター・ウォーズの根幹をなすテーマ

では、スター・ウォーズの場合はどうだろうか。

銀河のあらゆる種族で構成される銀河共和国は、「種族ごとに独立した自治を行うべき」とする分離主義勢力によって危機を迎えていた。そして最終的には、分離主義者が率いる独立惑星連合は、パルパティーンによって創設された銀河帝国の前に敗退する。結果、帝国の時代はヒューマノイドが支配し、いわゆるエイリアン種は迫害される。

つまり「共生」が実現していた時代とその崩壊がエピソード1〜3の世界で、その状況に対しNOと叫んだ反乱同盟勢力が勝利を収めるまでが、エピソード4〜6の世界であった。

また、「共生」という点で見れば、フォースの源とされるミディ・クローリアンは、あらゆる物質の中に存在し、共生している生物である。このミディ・クローリアンとの共生もジェダイ騎士団が探求している分野であった。

さらに言えば、誰が見てもウザったいジャー・ジャー・ビンクスも、「共生」を語る上で欠かせないキャラクターだった。結果的に彼との出会いによって、クワイ＝ガン・ジンらはナブーの宮殿に辿り着くことができ、彼が市場で起こしたトラブルによって、アナキンと再会した。さらには彼がパイプ役となって、アミダラ女王はグンガン族と会談する機会を得て、「共に生きる運命だ」とボス・ナスを説き、通商連合との決戦が可能になる。

こうしてみると、特にエピソード1においては、くどいほど「共生」というテーマが鮮明になるような描写が多い。エピソード6までを俯瞰《ふかん》してみると、反乱軍の目的は共和国の再興であり、それは同時に帝国の誕生と共に失われた銀河系における「共生」の復活でもあった。

これこそが正にルーカスが黒澤から受け継いだテーマであり、スター・ウォーズの根幹に流れるものである。

光と陰を受け入れる

本章の最後に、ルーク・スカイウォーカーというキャラクターの特異な点についても触れておこう。

ご存じの通り、エピソード1〜6は、ルーカスの言うように「アナキン・スカイウォーカーの物語」だ。前半三部作で彼は暗黒面に転落し、後半の三部作の最後に彼は救われる。

アナキンの人生は常に「NO」の連続であった。ジェダイ候補として評議会の審査を受けた彼は、その潜在的可能性を認められながらも拒否される。それでもクワイ＝ガンの遺言として、アナキンはジェダイになる修行を許可されるが、必ずしもジェダイのルールに従おうとはしないために、常に問題児扱いもされてきた。

結局、アナキンは転落してシスの暗黒卿ダース・ベイダーとなってしまうが、その心の奥底に残された善の心さえも否定され続ける。オビ＝ワン・ケノービやヨーダでさえも受け入れなかった「アナキンの改心の可能性」は、ルークだけが受け入れ、信じ、そして実現させるのだ。

ルークはアナキンの息子だ。だから、そこには血のつながった親子の情が大きく作用していたことは間違いない。しかしここでは、オビ＝ワン、ヨーダ、そしてレイアや皇帝でさえもが否定した「アナキンの可能性」を、ルークただ一人だけが肯定したという「事実」に注目したい。

シリーズの中では、ジェダイ騎士の象徴でもあるライトセーバーの紛失が繰り返し描かれ、「この武器はお前の命だ」という台詞と共に、その存在意義が強調される。だがルークは、そのライトセーバーを皇帝を前にして「自ら棄てる」のである。それは「銀河の守護者」として信じられてきたジェダイ騎士団の精神を「否定」することであり、同時にもっと大きなことを「肯定」する行為である。

つまりは、ライトサイドとダークサイドのフォース双方に対する肯定であり、それこそがエピソード1から再三にわたって語られてきた、「フォースにバランスをもたらす」という予言の真意なのである。

フォースには、ライトサイドとダークサイドの二つの「種類」があるのではない。あくまでも「側面」があるだけだ。光があれば陰もある。そのありのままの姿を受け入れ、バランスを取りながら制御して共に生きていく——。

それこそが、スター・ウォーズという長大な物語が描こうとした哲学なのである。

第四章　ルーカスからディズニーへ（1）

作家としてのジョージ・ルーカス

ジョージ・ルーカスの作家としての立ち位置は、現在の親会社であるディズニーと共通するところが多く、同時に異なる部分も多々ある。ここからは、両者の違いを俯瞰することで、ルーカスがスター・ウォーズを通じてやりたかったこと、そしてディズニー体制によって何が引き継がれるのかを明らかにしたい。もちろん、ディズニー体制によって変わってしまうものもあるが、それが凶と出るのか、吉と出るのかも展望してみようと思う。

スター・ウォーズの生みの親であるジョージ・ルーカスは、映画監督である。だがそもそも映画監督とは、メジャー系の監督、単館系の監督、ロマンス系の監督、シリアス系の監督、娯楽系の監督、アート系の監督といった具合に、映画のジャンルの数だけ監督の分類もできるほど幅広い。

では、ルーカスはこうした分類のどこに属する監督なのか？

ルーカスは、世界的なヒット作であるスター・ウォーズの他にも、同じく人気シリーズとなった「インディ・ジョーンズ」シリーズの生みの親である。また、娯楽作品に欠かせない特殊視覚効果の最大手ＩＬＭを創設し、今や「打率一〇割」を誇るヒットメーカーとなったピクサーも、その原点はルーカスフィルムの一部門だった。

こうした事実からも、ルーカスは多くの人にとって「娯楽映画の名手」と思われ続けてきた節がある。しかし実は、映像作家としてのルーカスは、むしろそのデビュー作「THX1138」（一九七一年）のような、前衛的で実験精神あふれるアート系の監督と捉えたほうがしっくりくる。

ルーカスは、自分のビジョンを表現することに強いこだわりを持っている。それは、彼が南カリフォルニア大学で映画を学んでいた頃から変わらぬ姿勢だった。彼が最初に手掛けた短編映画「ルック・アット・ライフ」（一九六五年）は、六〇秒という時間内に人生を表現するという課題に答えるものだったが、ルーカスはアップテンポのノリのいい曲に、悲惨な写真を無数にモンタージュする対位法を駆使し、校内で大評判をとった。以後も「ハービー」（一九六六年）、「ジ・エンペラー」（一九六七年）といった意欲的かつ前衛的な作品で教授たちを唸らせていた。

スタンダードサイズ、モノクロ作品、五分以内、といった制約があっても、彼は自身のビジョンを表現するためには、カラー、ワイドサイズ、三〇分超といった具合に、平気でルールを破った。教授たちも、彼の作品見たさにそれを黙認していたほどだった。

そしてルーカスは、「THX1138　4EB」で学生映画祭のグランプリを獲得する。

この作品も、劇場デビュー作となった長編版「THX1138」も、高度に管理された社会の束縛から逃れ自由を勝ち取る、名前を持たずに番号で呼ばれる男の難解な物語だ。

THXがロボット警察に逮捕された後、収容所で三人の囚人が彼に哲学を語りかける場面がある。ここに登場する人物たち（PTO、NCH、SRT）の名前は、プラトン、ニーチェ、サルトルに由来するなど、大衆受けなど微塵《みじん》も考えない作品作りをしていた。ちなみに、主人公の名前でもある「THX1138」は、当時のルーカスの家の電話番号「849-1138」からつけられたと言われている（849をボタンに表記されたアルファベットに変えるとTHXになる）。

なぜルーカスは娯楽作品に徹したのか

ルーカスが、次作「アメリカン・グラフィティ」で、大衆受けの路線に軸足を移したのは、単純に「THX1138」が興行的に惨敗し、そのせいで映画監督として生き続けられるかどうかという瀬戸際にまで追い込まれたからだ。少なくとも「金を稼げる監督」にならない限り未来はないと考えたルーカスは、大衆、特に「若者にウケる映画」を作る必要に迫られた。

続く「スター・ウォーズ」もまた同じ理由で作った作品だったが、彼自身が本来持っていた「映画に対する興味」に大きな変化はなかった。黒澤明監督の「影武者」(一九八〇年)、ローレンス・カスダンの監督デビュー作「白いドレスの女」(一九八一年)、ポール・シュレーダー監督の問題作「MISHIMA」(一九八五年、日本では三島由紀夫の遺族の意向で未公開)などをスター・ウォーズやインディ・ジョーンズの製作と並行してプロデュースするなど、映画の持つ幅広い可能性とそれに携わる人々を支援し続けてきた。

そして二〇〇五年に「シスの復讐」でスター・ウォーズが一応完結すると、第二次大戦中に活躍した黒人だけの戦闘機部隊を題材にした「レッド・テイルズ」(二〇一二年)を製作したが、結果は惨敗。これにはルーカスも相当がっかりしたらしく、「こうした映画が評価されないことに失望した」とまで発言している。

そしてその後、正式に引退を表明する。小規模の実験的映画を作る可能性を示唆しながらも、映画の表舞台からはあっさりと姿を消すことになった。この辺の引き際の良さ、こだわりのなさは、やはりルーカスの根底にある職人肌と芸術家肌によるものだと思う。

では、ルーカスが「割り切って娯楽に徹した作品」として作った「アメリカン・グラフィティ」と「スター・ウォーズ」は、彼の作家性が抑えられた作品なのだろうか?

答えはもちろん「NO」だ。

一見すると、特に脈絡などないようなストーリーに、ほぼ途切れることなく懐かしの音楽が被さって構成された「アメリカン・グラフィティ」は、第二章でも述べたように、ユニバーサルの重役には理解不能だった。しかし、この「絶え間なく音楽が流れること」の効果は、次作「スター・ウォーズ」では、管弦楽とライトモチーフの多用という形でさらに進化し、当時業界では廃れていたオーケストラによる劇伴音楽の大復活へとつながることになる。ここでもルーカスは、スタジオ側からの再三にわたる改変要求を拒絶し続けていた。

大衆の要望を無視した映画

「スター・ウォーズ」の場合は、作品が世界中で大ヒットし、その後もシリーズ全作がその年のメガヒットとなったために、もっぱらその大衆性に注目が集まったが、実のところ、これほど「大衆の要望を無視した」映画はない。

「スター・ウォーズ」の大ヒットを受けて、「スター・ウォーズ2」の製作がアナウンスされた時、大衆の反応は二つに分かれた。一つは単純に「楽しみだ！」と期待する声、もう一つは「続編なんて作ったら作品に傷がつく」という不安の声だった。

第一章でも述べたが、それは、当時ほとんどの続編映画が駄作で失敗続きだったことからくる不安だった。こうした失敗例は、大抵の場合、ベストセラー原作の映画の大ヒット後に、ストーリーを独自に考えて同じような内容でもう一度儲けようという安易なものだった。そして監督や主要キャストも変更され、予算も減って、という具合に「つまらなくなる材料」が揃いすぎた状況でのシリーズ化がほとんどだった。

唯一の例外は「ゴッドファーザーPARTⅡ」だが、この場合は、マリオ・プーゾの原作で未使用だった部分を大幅に膨らませ、新たに作り上げたパートもプーゾと監督のコッポラが相談しながら作り上げていったものだった。そもそも製作の経緯は、パラマウントの「もう一度儲けたい」という営利目的だったが、こうした製作体制によって「芸術的に新たな側面を描ける」とコッポラが確信し、そして実現したからこそ成功したのだ。

ルーカスは、まさにコッポラと同じスタンスで「スター・ウォーズ2」を製作したのだった。彼の考える方向性がメディアで伝えられると、多くのファンは安堵したものだったが、それは単に「駄作にはならないだろう」という希望的観測でしかない。

結果的に、その続編「帝国の逆襲」はのちにシリーズ最高傑作の評価を得たとはいえ、公開当時は「駄作とは言えないものの、期待は裏切られた」という意見が大半を占めていた。というのも、第一作にあった「勧善懲悪」なシンプルな物語ではなく、タイトルが示すように、帝国の逆襲によって主人公たちが散々な目にあうという物語の構造が、大衆の「期待」を裏切っていたからだ。

ルーカスとしては、第一作の構想時に膨れあがった物語を三分割し、続編の権利を確保することによって、商業主義的な続編ではなく、作家としてのビジョンを完結させるために続編を作りたかったわけだし、実際にそうしたのだった。

たとえば、第一作で指導者の役割を果たしていたオビ＝ワン・ケノービの代わりに、新たなジェダイマスターを登場させなければならなかった。プロデューサーのゲイリー・カーツは、「十戒に登場するモーゼのような、威厳ある風貌《ふうぼう》の老人」というイメージを望んでいた。しかしルーカスは、自身のビジョンを貫き、「カエルのような小さな緑色をしたクリーチャー」としてヨーダを創り上げたのである。

実際の造形は、ルーカスのビジョンに沿ったかたちで、メイクアップアーティストのスチュアート・フリーボーンが、自身の顔とアインシュタインの顔を掛け合わせてデザインした。だがいずれにせよ、そのキャラクター性と風貌は、ルーカスの思い描いたままであった。

「ジェダイの帰還」への失望

ヨーダというキャラクターは、現在に至るまで多くのファンから絶大な支持を得ているため、その出自やルーカスのこだわりなどが問題になることはなかった。しかし、第三作の「ジェダイの帰還」に登場したイウォークの場合には、ファンたちから猛反発を受けることになる。

シリーズの完結編であり、大団円を迎える「ジェダイの帰還」では、当然ながら前作で「逆襲」した帝国はしっぺ返しをくらい、最終的には「皇帝の死」とともに壊滅状態になって終わる。そのため、物語は大ハッピーエンドに向けて極めて脳天気に進み、シニカルさが魅力だったハン・ソロも、その本来の役割を終えたことでコメディリリーフとなり、観客の笑いのツボを押しまくっていた。

そして、ミニチュアサイズのウーキー族といった風情のイウォーク族は、三頭身の動くテディベアのようなかわいらしい存在で、そんな彼らに帝国軍が敗走してしまうのだから、帝国の格好良さにシビれていたファンはがっかりした。

その反動もあり、ちょうどビデオ発売がされ再見できた「帝国の逆襲」に、ファンがメロメロになったのは当然の結果だった。そこでは、帝国の情けない姿は微塵も描かれず、ひたすらに冷酷で無慈悲な帝国軍の非道さが、シリアスな照明設計も手伝って、ただただ格好良く見えたわけだ。

そして、ファンたちがむさぼるように繰り返し見ることによって、ルーカスが「帝国の逆襲」でやりたかったことの本質が、ようやく理解されるようになった。中途半端な結末に終わったことへの不満も、「ジェダイの帰還」が公開されたことによって氷解する。こうした反動もあって、この時点で「ジェダイの帰還」は、シリーズ最低の評価をされていた次第である。

よく知られているように、原始種族のイウォークが帝国軍を打ち破るという設定は、本来ルーカスが監督する予定だった「地獄の黙示録」において、ローテクのベトコンがハイテクの米軍を打ち破るという描写をルーカスなりにアレンジしたものだった。

それは、物量主義一辺倒だった時代への皮肉なメッセージであったし、弱者と見なされる存在も、意志と努力によって勝利を摑むことができるというメッセージでもあった。しかし、そんなことはほとんどの観客には伝わらなかったし、それを理解するにも、イウォークの造形は可愛らしすぎた。ルーカスが込めた思いを読み取る以前に、「なんだかなぁ……」と反発されてしまったのだった。

「特別篇」の波紋

というわけで、「ジェダイの帰還」が汚名返上するには、一九九九年の「ファントム・メナス」、というより「ジャー・ジャー・ビンクス」の登場を待たなければならない。しかし、その前にルーカスは、一九九七年に「特別篇」というかたちで旧三部作に手を加えている。

これは、第一作の公開二〇周年を記念したリバイバル公開のために行われたものだ。ここでルーカスは、旧作公開当時にはできなかったシーン（予算や技術の面で断念していたことなど）を新たに作って作品に加えた。

当初は、ファンからも「新たなフッテージがある！」と熱狂で迎えられたものだったが、公開後に「これがスター・ウォーズの現在の形。過去に公開したバージョンは封印です」と宣言してしまったものだから、これまた猛反発を食らってしまった。

公開二〇周年という時点で、ファンたちにとって、劇場初公開バージョンはＤＮＡレベルにまで染みこんだ「思い出の作品」となっていた。それが「もう封印」と言われてしまったのだから、ファンたちの怒りも理解できる。

しかし一方で、スター・ウォーズは「ルーカスの作品」だし、その彼が「本当はこうやりたかった」と作品に手を入れて、己が持っていたビジョンに近づけようとしたことも理解できる。

要は「娯楽作品としてのスター・ウォーズ」というスタンスと、「作家ルーカスの描くスター・ウォーズ」というスタンスが、ここで明確に二つに分岐してしまったのである。しかし、世間のほとんどは前者のスタンスに固執し続けたため、ルーカスに対する不信感という風潮まで生まれてしまった次第だ。

なぜファンは「新三部作」へ反発したのか

ルークの父親アナキン・スカイウォーカーの物語であるエピソード1〜3になると、旧三部作世代は、さらにフラストレーションを溜めることになる。

第一作「新たなる希望」の数十年前の時代、しかも帝国誕生前の銀河共和国末期の時代を描いた新三部作は、旧三部作にあったような単純な冒険活劇ではない。アクションシーンが多いとはいえ、物語の主軸はパルパティーンによる「陰謀劇」だった。

そのことは、一九七七年に「新たなる希望」が公開された時点で、たとえば小説版の冒頭で簡単にその陰謀劇の概要が語られていたり、ルーカス自身も「最初の三部作は陰謀の話だよ」と発言したりもしていたのだが、例によって多くのファンは「自分が妄想した新三部作」を期待し続けていた。そのため、その期待がまったく叶《かな》えられずに終わったことは、古いファンにとっては許せない出来事となった。中には「新三部作は認めない」というファンまでいる。

実際のところ、新三部作は鼻につくジャー・ジャー・ビンクスや、流麗なフォルムの宇宙船といった、旧三部作の世界観からかけ離れた要素が満載だった。特に旧三部作で高い評価を受けた「汚れた宇宙船のディティール」といったものが希薄で、何から何までピカピカになったことに「ルーカスの才能の喪失」を指摘する人まで出てきた。

よく見れば「汚れているべきところ」は汚れているし、たとえば女王の船といった「手入れが行き届いているべきもの」はピカピカになっていた、といった程度のことだった。要するに、物語で描かれる社会や階層が全く異なるがゆえに生まれた相違でしかないのだが、とにかくファンの多くは「以前に見たもの」の延長を求め続けていた。「作家」であるルーカスは、そういったものにある程度は配慮をするものの、だからといって物語の骨格まで変更することは断固としてしなかった。

　個人的には、やはり旧三部作の世界観や質感が好ましいが、だからといって、王族が密輸業者が改造したようなオンボロ宇宙船を日常的に使うところなどは見たくもないし、そんなことをしたら、それこそ「ルーカスも堕落したな」と思ったことだろう。

「完結」後の空気

　他にも新三部作では、有名なスター・ウォーズのテーマ曲が、冒頭以外ではほとんど使われていない、というフラストレーションもあった。

　このテーマ曲は、そもそもは「ルークの動機（モチーフ）」であり、彼の登場を音楽的に表現するものであった。そのため、新三部作ではなかなか使いどころがなかったのだが、そんな理由はやはりファンには関係のないことだった。

　また、ハイパースペースに移行する際に、無数の星々が線状に流れていく演出も、今後エピソード順に見る観客が旧三部作を見た時に楽しめるようにという理由で、完全に封印されていた。

ルーカスとしては、第一話から第六話までの長大なひとつの物語として、スター・ウォーズ・サーガを構築し続けてきた。だがそこでは、世界で一〇億人とも言われるファンたちの欲求は、ほとんど無視されてきたのだった。それは単純な話、やはりスター・ウォーズは「ルーカスという作家の作品」でしかないからであって、観客の反応次第でその後の展開を変えていくという、商業主義的な成り立ちを持つ作品ではなかったのである。

いずれにせよ、スター・ウォーズ・サーガという作品群は、世界中のファンの愛憎が入り乱れる中、二〇〇五年に「シスの復讐」で一旦は完結した。その後は二〇〇八年にアニメ「クローン・ウォーズ」が開始され、子供たちを中心に人気を集めたが、「実写版の新シリーズを！」という声は、思った以上に出てこなかった。

それは、ファンたちが、やはりスター・ウォーズは「ルーカス抜き」には考えられないとどこかで思っていたからなのだろう。つまり「作家ジョージ・ルーカス」という認識は、ファンの中にもどこかで確実に存在していたのではないかと今となっては思う。

しかしこの、言ってみれば「諦めと閉塞感」に満ちた状況は、シリーズ完結からわずか七年後に大転換を迎えることになった。

「スター・ウォーズはもはや死に体」

ルーカスフィルムがディズニーに買収されるという衝撃の発表の約二か月前（二〇一二年八月末）、私は、フロリダ州のオーランドで開催されたスター・ウォーズ・セレブレーション6（C6）の会場にいた。

二〇一五年にアナハイムで行われたセレブレーション7は、日本のメディアも取材に駆けつけ、その様子がニュースや情報番組でも流されたから、その雰囲気をテレビなどでご覧になった方もいるだろう。しかしC6には、日本のメディアはもちろんのこと、他国のメディアの姿を見ることもなく、アメリカのメディアでさえ、ごくわずかしか取材に来ていなかった。

それでも会場内は、世界中から集まったスター・ウォーズ・ファンで満ちあふれ、連日イベントやパーティーなどもあり大いに盛り上がっていた。実物大のランコアやジャバ・ザ・ハット、スピーダーといった大道具の展示はもはや恒例行事だったし、世界中から集まる孤独なオタクたちのために、出会いの場として「スピードデートコーナー」も常設されていた。

多くの男性ファンがこのスピードデートに参加していた。みんな口を揃えて、「あまりいい女がいないんだよね」と言っていたが、同じく参加していた女性たちは「あまりいい男いないのよね」と残念がっていた（そんな贅沢を言っているから孤独なんだろう……）。

会場では、他にも自身のカーボン冷凍フィギュアを作ってくれるサービスや、スター・ウォーズにちなんだタトゥーを彫ってくれるブースなど、とにかくスター・ウォーズ関連の催しが満載だった。

しかし、そんな中で私が感じていたことは、

「スター・ウォーズはもはや死に体だな……」

ということだった。

スター・ウォーズを覆う停滞感

言葉は悪いが、事実、そう感じたのである。

前述したように、確かに会場は盛り上がってはいた。だがそれは、どちらかというと同窓会のような盛り上がり方で、実際、来場者は数万人いたにもかかわらず、互いに顔見知りの様子だった。私の目から見ても、その五年前に日本で行われたセレブレーション・ジャパンと規模の差はあれ、空気は変わらなかった。言ってみれば、「閉じた空間の中で仲間

たちが盛り上がっている」ものだったのだ。

これはある意味当然の結果だろう。「シスの復讐」公開から七年が経ち、新作といえばアニメの「クローン・ウォーズ」くらいしかなく、実写映画では過去作の3D化が進められている程度の動きしかなかったからだ。C6でプレゼンされた「エピソード2」の3D版は、確かに素晴らしい出来映えで、誰もが「早く観たい！」と興奮してはいた。しかし、所詮は過去の作品の3D化でしかなく、新作ではない。盛り上がると言っても、そんな大した盛り上がりではなかった。

結局のところ、新作が作られる予定も望みもない中で数年が経過し、その中でファンたちが予定調和的に盛り上がっている、というのが私の印象だったのだ。

C6が終了すると、私はその足でロサンゼルスに赴き、現地で俳優をしているアメリカ人の友人と会った。彼もまたスター・ウォーズのファンだったが、彼はC6には行っていなかった。その理由を私が尋ねると、彼はこう即答した。

「何も新しいものがないからね。毎回、同じことの繰り返しだから意味がないよ。セレブレーションに行く時間があるなら、僕は断然コミコンの方に行くね」

「コミコン」とは、毎年サンディエゴで開催されている「コミック・コンベンション」のことだ。近年では、ハリウッドの娯楽作品のプレゼンテーションは、全てこのコミコンに焦点を当てて行われている。そこにはあらゆる会社の作品が集まってくる。つまり、「スター・ウォーズしか対象物がなく、しかも新しい要素がほとんどないセレブレーションとは大違いだ」というわけである。

これには私も同意せざるを得なかった。実際、自分の目で「死に体だ」と感じてきたばかりなだけに、それが裏付けられたような気がして寂しい思いをした。

ルーカスとディズニーの縁

それから私たちは、スター・ウォーズにおける問題点を何とはなしに話していた。その中で彼は、突然、意味深な表情でこう切り出した。

「もしかするとルーカスは、スター・ウォーズを売ってしまうかもね」

この発言にはさすがにちょっと驚いたが、すでにルーカスが引退を表明し、ルーカスフィルムをキャスリーン・ケネディに任せ、自身は再婚間近だという現状を考えると、決してあり得ない話ではないと思えてきた。

「なるほど、それはあり得るね……。でも売るとしたら、相手はディズニー以外には考えられないよね？」

「そうだね」

これは何も難しい推論ではない。そもそもルーカスが、スター・ウォーズの事業展開を拡大していく中で最も参考にしたのは、ディズニーのやりかただった。

著作権の管理やキャラクターの保護、マーチャンダイジングの展開の仕方など、全てにディズニーが参考例として存在していた。また「スター・ツアーズ」というスター・ウォーズのアトラクションがディズニーランドに開設され、マイケル・ジャクソン主演の３Ｄミュージカル「キャプテンＥＯ」の制作をルーカスが手がけるなど、かなり早い段階でルーカスはディズニーと良好な関係を築き上げていた。

さらに、この頃のルーカスフィルムは、スター・ウォーズの実写版ＴＶシリーズの準備を進めていたが、製作費がかかりすぎること、作れたとしてもどこのＴＶ局が買ってくれるのか、といった不安要素もあった。しかしディズニーならば、四大ネットワークの一つ、ＡＢＣテレビが傘下にあるため、その心配はなくなる。潤沢な資金を持っているため、製作費の心配もない。

また、あらゆる関連商品の開発、管理、保護に関して、ディズニーを上回る実績を持った映画会社は存在しない。そういった意味でも、もし仮にスター・ウォーズが売却されるならば、その相手はディズニーしかいないと予想するのは、容易なことだったのだ。

しかし、まったく予想外だったのは、

「エピソード7に始まる新三部作を製作して順次公開していく」

という点だった。これには私も仰天した。しかしこれもまた、冷静に考えれば当然の結果だった。

なぜディズニーは新作を作るのか

どんなにスター・ウォーズが人気コンテンツであっても、それが最もビジネスとしてお金を稼ぐのは、常に「新作が公開された時」である。映画の興行収入、ビデオ販売、そして多岐のジャンルにわたるグッズ販売も新作に応じて新商品が開発され、市場に出回って莫大な売り上げを記録する。映画公開時にタイアップ契約を結んだ企業は、スター・ウォーズのキャラクターや意匠を使用したノベルティを組み合わせることで、その利益を跳ね上げさせた。

そんなコンテンツの「全ての権利」を買収するにあたって、ディズニーが「でも新作を作ることは諦めます」なんてことを言うはずはない。したがって、ルーカスフィルム買収の発表と同時に、「新たに三部作を作って順次公開する」というアナウンスがされることは、当然といえば当然の結果だった。

しかし、新たにスター・ウォーズを作り上げていくにあたっては、ディズニーは「ルーカス抜き」で進めていかなければならなかった。もしルーカスがプロジェクトのセンターに残っていたならば、そもそもルーカスがルーカスフィルムを売却する必要もないし、ルーカスが死去してしまった後、そのクリエイティビティに不安を（特に観客たちに）残すことになるからだ。

とはいえ、これだけ大きなコンテンツを「はい、そうですか」と簡単に引き受けてくれる監督はそういるものではない。かつて「絶対にスター・ウォーズを監督したい！」と叫び続け、「ジェダイの帰還」の監督に内定までしていたスティーブン・スピルバーグでさえ、早々と「僕はやらないよ！」と宣言したくらいだ。

結局、新たに作られることになったエピソード7は、J・J・エイブラムスが監督することに決まったが、彼にしても一度は固辞している。だが、「ファンとしての立場のままでいたい」という彼の意思を引っくり返したのは、ルーカスフィルム社長キャスリーン・ケネディの根気強い説得と、旧三部作を手掛けた脚本家ローレンス・カスダンがスタッフに加わるという事実だった。

ルーカス抜きの体制としては考えうるベストな体制を用意されたＪ・Ｊは、ようやく首を縦に振るわけだが、彼の役割は単に「エピソード7を監督する」というものではなかった。映画シリーズ、ＴＶシリーズ、ゲーム、小説など、スター・ウォーズに関わる全てのコンテンツの方向性と世界観の統一、そしてその監修といった、かつてジョージ・ルーカスが担っていた立場を引き継ぐことが正式に発表された。

Ｊ・Ｊ・エイブラムスへの期待

Ｊ・Ｊは「古きファンを喜ばせ、同時に新しい世代の観客をも魅了する」という手腕を二〇〇九年の「スター・トレック」で立証済みだ。これ以上ない人選だったと言えるだろう。

もちろん、それでも「こんなの俺が好きなスター・ウォーズじゃない！」という反発も出てくるだろうし、そもそもファンの絶対数が莫大な数だけに、そういう人の数もバカにできない数になるはずだ。

それでもこれは、ディズニーとしては「いつかは通過しなければならない関門」である。その上でダメージを最小限にとどめるためには、自らがスター・ウォーズの大ファンであり、同じく長年のファンを抱える「スター・トレック」で成功を収めたJ・J以外に、この重責を任せられる人材はいなかったと思う。

ファンの心理も理解できる上に、映画監督としてルーカスの心理も理解できるJ・Jなだけに、今後の展開は、ファンにとって満足のいく方向性に向かっていくことは確実と考えていいだろう。

彼には、創造主としてのルーカスがこだわったところが（ルーカス版がすでに完結しているため）そもそもない。そのため、たとえば旧三部作で人気だったキャラやメカを「スター・ウォーズらしさ」を損ねない程度に、慎重ながらも自由に登場させることもできるし、あるいは「ジェダイの帰還」の製作時にハリソン・フォードやローレンス・カスダンが強く主張した「ハン・ソロを死亡させる」といった演出も、何の気兼ねもなく実行できる。

もちろんそこまでの大きな決断は、その後の展開や観客の反応なども計算した上で行われるだろう。しかし少なくとも「ルーカスの作家性」という縛りはもうないのだ。

そのため今後は、世界中のファンたちが「こういうものが観たい！」と思っている場面や、その期待を上回る形での見せ場が用意されていくことになるだろう。少なくともこれまでに公開された予告編を観る限りでは、J・Jも「ファンへのくすぐり」を上手くこなしていると感じられる。

さて、J・Jは監督としては「エピソード7」だけを担当するが、その後も「総監督」として全体の監修を行う。そして、二〇一七年五月に公開予定の「エピソード8」は「ルーパー」(二〇一二年)の監督として知られるライアン・ジョンソンが、二〇一九年公開の「エピソード9」は「ジュラシック・ワールド」(二〇一五年)の監督として名を上げたコリン・トレヴォロウが、それぞれ担当することが明らかになっている。

いずれも、第一作が公開された年には幼児だった世代だ。しかし、こうした新しい世代にバトンを引き継いでいくことも、先々を考えると必要なことだろう。その理由は次の項で述べよう。

サーガとしてのスター・ウォーズ

さて、二〇一五年現在の時点で、スター・ウォーズ・サーガは「全九部作」と言われている。これは、ジョージ・ルーカスが以前から説明してきたシリーズの概要から定着した

説で、細かく言うと、

エピソード1～3　アナキン・スカイウォーカーの物語
エピソード4～6　ルーク・スカイウォーカーの物語
エピソード7～9　ルークやレイアの子供たち世代の物語

となる。そして、ルーカスフィルムを買収したディズニーが「エピソード7から9の新たな三部作を製作する」と発表したことから、多くのファンがとりあえず「全九部作」という認識でいることと思う。

では、エピソード9が公開された後、さらにその続きが作られる可能性はあるのだろうか？

もちろんある。

そもそもスター・ウォーズが「連作」であることが大きく報じられたきっかけは、第二作「帝国の逆襲」の冒頭に「エピソード5」の文字が記されていたことである。これに対応して、サブタイトルなしで公開された第一作「スター・ウォーズ」にも、リバイバル公開の時から「エピソード4　新たなる希望」と、エピソード番号とサブタイトルが追加された。

この理由について、一九八〇年の段階で、ルーカスはこのように説明している。

「前作の脚本を執筆していくうちに、構想はどんどん広がっていって、とても一本の映画に収まる量ではなくなったんだ。だから物語を三つのパートに分けて、その最初の部分を映画化したわけさ」

「この物語を考えていく中で、必然的にその背景についても考えた。ルークの父親たちの世代の話だ。共和国が繁栄して、ジェダイ騎士団が全盛期だった頃の話で、皇帝やベイダーが台頭して銀河帝国ができあがるまでの話。これをまた三部作にすると、最初のスター・ウォーズは第四話ということになる。だから今度の新作（帝国の逆襲）は第五話ってことになる」

「第一話ではなく、第四話から映画化した理由は、このパートの物語が最も商業的で分かりやすかったから。最初の三話はより暗く、シリアスだからね」

「第七話から九話まではルークやレイアたちの子供世代の話になるだろうね」

以上のような話が、一般によく知られている「スター・ウォーズ・サーガの全容」に関する情報の原点となっている。

ルーカス発言の変遷

しかし一九八三年の「ジェダイの帰還」の公開後に、ルーカスの発言は少し変化する。

「ひとまず三部作は完結したので、しばらく休養するよ。それに今の特殊視覚効果技術では、共和国が繁栄した時代を描くのは困難だしね」

「もし作るなら第一話から作ると思う」

というわけで、スター・ウォーズの製作はしばらく中断する。その後「ジュラシック・パーク」(一九九三年)で、CGが特殊視覚効果の世界に新たな革命をもたらしたことで、新三部作製作への道が開き、一九九九年に晴れて「エピソード1 ファントム・メナス」が公開された。


この段階で、ルーカスの発言はさらに変化した。

「スター・ウォーズは全六作で完結する。そもそも全九部作という話を正式にした覚えはない。あれは出演者たちと交わした軽いジョークのようなもので、二、三〇年後に七~九を作って、年老いた君たち(マーク・ハミルやハリソン・フォード)がアレック・ギネスのような役割で登場したら面白いよね、と言っていたことが変に広まってしまったんだ」などと、各種のインタビューでルーカスが答えると、世界中のファンが「うそつき！」とブーイングしたものだ。

だが、ファンが怒るのもその通りで、ルーカスは過去に確かに「スター・ウォーズは九部作」と語っているのだ。仮にそれが、記者たちが曲解して書いた記事だとしても、長年の間、それを否定しようともしてこなかった。

ただ、いずれにせよ生みの親がこのように「気が変わってしまった」のだから、ファンとしてもどうしようもなかったのも事実だ。結局、二〇〇五年に「エピソード3　シスの復讐」が公開された段階で、

「ああ、スター・ウォーズは本当に終わってしまった……」

と、多くの人が諦めつつ、完結を惜しんでいた。

なぜルーカスは製作現場を離れたのか

以上のように、二〇一二年のディズニーによるルーカスフィルム買収によって、全てが一変し、新たな三部作が作られることが発表されたわけだが、実はエピソード7は、ルー

カス自身の手で映画化する計画が密かに進められていたのだそうだ。

新たな三部作を自分の手でスタートさせて下地を作り、それが上手くいったらルーカスフィルムを売って、残りを任せようという計画だったらしい。だが、ディズニー側が「作るなら最初から関わって統括したい」とこだわったために、そのようにしたのだという。

そうした段階でディズニーが登場していることからも、今回の買収劇がかなり以前から計画されていたことがうかがえるが、それはともかく、ルーカスが新スター・ウォーズから手を引いた理由はもうひとつある。

それは、彼の私生活の問題で、長年交際していた実業家メロディ・ホブソンとの再婚が現実味を帯びてきていた。実際、二人はルーカスフィルムの売却の翌年六月に再婚、そしてその二か月後には、ルーカスにとっては初の実子であるエベレストちゃんを代理出産で授かっている。

スター・ウォーズの製作に関われば、間違いなく数年間はそれにかかりきりになってしまうだろう。最初の三部作の製作時に、マーシャ・ルーカスとの夫婦関係が破綻《はたん》し、離婚に至った過去もあるため、ルーカスは子供との生活を最優先させるため、全てを売却したのだという。

「一二部作」説の真偽

さて、ここまで読んでも腑に落ちない人が、古いファンの中にはいると思う。スター・ウォーズ・サーガの全容については「全一二部作」という噂もあったからだ。そしてその噂は真実なのだ。

たとえば「帝国の逆襲」の公開から二年ほどさかのぼる一九七八年三月、「タイム」誌にルーカスはこう語っている。

「今作っている映画（帝国の逆襲）が完成したら、あと一〇本のスター・ウォーズ映画を作る予定だ」

また、ルークを演じたマーク・ハミルは、二〇〇四年にメディアに対して、

「七六年の撮影時に、ルーカスからスター・ウォーズは四つの三部作からなり、エピソード9にカメオ出演してもらうかもね、と言われた」

という事実を明かしている。

実際、ルーカスは一二話分の梗概も書いており、それを読んだことのある人物もいる。ルーカスの伝記『スカイウォーキング』の著者、デール・ポーロックがその人である。彼

は、守秘義務の書類にサインをしているので中身については明かせないが、と前置きした上で、ディズニーによるルーカスフィルム買収発表の翌日に、ネットメディアのインタビューでこう語っている。

「一二話の中で最もエキサイティングな話は七、八、九の三話だった。アクション満載で本当に面白い新たな世界やキャラクターが出てくるんだ。早くこの三つのエピソードを観たいと思った」

ディズニーによる買収、新三部作の製作決定の背景には、この「一二話分のあらすじ」の存在が確実にあったのだ。

「エピソード7」の撮影が開始された頃、この「ルーカス案」がどの程度使われたのか、議論の的になった。曰く「ルーカスの案は採用しなかった」ということで、一部のファンをがっかりさせたが、この話をそのまま鵜呑みにするのは現時点ではまだ早いだろう。

このあたりが言葉のややこしいところなのだが、「まったく採用しなかった」とは言っていないところがミソだ。「ある程度は採用したけど、全てではない」という場合でも「採用しなかった」と言うことはできるし、「骨格の部分は採用したけど、多くのディテールは変更した」という場合でも「採用しなかった」と表現できる。

前述した「六部作か、九部作か、一二部作か」という問題でも、ルーカスは常に「かくかくしかじかのように断言したことはないよ」と言って、その都度周囲を煙に巻いてきたのである。そのことからも、何事も単純に受け止めてはならないと考えるべきだろう。

「ルーカス抜き」の成功は可能か

ルーカスは、新たな三部作の製作にはまったくタッチしていないことを、再三にわたって表明している。それは「スター・ウォーズ製作陣の世代交代」を実現するためには必然のことで、もし彼がある程度の関与をほのめかしただけでも、「やはりルーカスがいないとダメなんだ」と思われてしまうからだろう。

今後、ルーカスの死後もスター・ウォーズの製作が継続し、その価値を普遍的なものにするためには、ルーカスと新たな三部作とのつながりは極力排除するという印象操作が行われることは確実だ。実際、それは正しいことだと思う。

ルーカスは「相談役」という立場に現在もとどまっており、必要であればいつでもアドバイスができる立場にいる。しかし、それが永遠に続くわけではないことは、創業者ウォルトを失った後の苦労を知っているディズニーならば、身に染みて理解しているだろう。

スター・ウォーズ・セレブレーション7にて、ストームトルーパーの衣装に身を包む女性

だから、なおさら「ルーカス抜きのスター・ウォーズ」は成功させなければならないし、そのためには「ルーカス抜きでもちゃんとしたものが作れる」ということを、（実際には彼に頼っていたとしても）世界中のファンには印象付けておかなければならないのである。

そういった意味では、ルーカスフィルム、およびディズニーの戦略は成功していると言えるだろう。

二〇一五年四月に、カリフォルニア州アナハイムで行われたスター・ウォーズ・セレブレーション7でも、ルーカスの姿はなかった。その代わりに、「フォースの覚醒」の第二弾予告編の公開や新旧キャラの登壇など、ファンの心をくすぐる要素が満載で、成功裏に幕を閉じている。

この時にステージに登場したボール型の新型ドロイド「BB-8」は、噂どおりCGではなく、実際に動くプロップ（小道具）だった。早くもファンの心を摑み人気上昇中のBB-8は、完全に「ディズニーオリジナルのスター・ウォーズ」の象徴的存在とも言えるし、その人気ぶりからも、将来的なスター・ウォーズの展開にも、ひとまず明るい未来が待っている予感を持たせることができたのではないだろうか。

いつまで新作が作られるのか

さて、では仮にルーカスがあらすじを書いておいたエピソード12までが映画化されたとして、その後、つまりエピソード13以降が作られる可能性はどのくらいあるのだろうか。

これは、単純に成績次第と考えていいだろう。映画がヒットし、関連商品の売り上げもまずまずであれば、ストーリーは永遠に続けられていくものと思われる。なんといっても、ディズニーにとってスター・ウォーズは「売れ筋の商品」だし、利益を追求できる可能性を多分に持っているからこそ、ルーカスフィルムを買収したのだ。

エピソード9が完成した翌年には、三本目の「スピンオフ」作品が予定されているが、おそらく七、八年ほど間を空けて次の三部作、そしてスピンオフが作られるのではないか。というのもディズニーには、この「七、八年」というスパンで子供たちの世代が交代することを見越して、そのサイクルに合わせて、新商品や旧作の再発売を繰り返してきた実績があるからだ。

たとえば、六歳の時にエピソード7を観た子供は、エピソード9を観る時には一〇歳になっており、そしてその八年後には一八歳になっている計算だ。となると、世の中には新たに「スター・ウォーズ体験のない子供たち」が生まれているわけで、その新たな世代に合わせて、新たな三部作を送り出すことは理に適っている。

スター・ウォーズは、世代ごとに繰り広げられる冒険の三部作が基本単位だ。私の原体験は「ルークの世代」だし、二〇一五年から始まる新たな三部作でスター・ウォーズをリアルタイムで体験する世代は「レイの世代」となる。

そして今後、スター・ウォーズは「どの世代のエピソードが好き?」とか、「どの世代のエピソードが初めてのスター・ウォーズ?」といった基準で語られていくことになると思われる。

史上初の劇場版スピンオフ

ところで、ディズニーによる買収劇とそれに伴う新作映画の製作発表の中で、ファンを驚かせたのが、前述したスピンオフ作品の製作だった。二〇一五年から公開される新三部作は二年ごとに新作が公開され、その間の年にはスピンオフが公開されるというのだ。

つまり、サーガ本編とスピンオフという区別なく、劇場公開作品として見るならば、今後六年間で毎年スター・ウォーズの映画が劇場公開されることになる。

スター・ウォーズのスピンオフ映画といえば、日本では一九八五年と八七年に公開された「イウォーク・アドベンチャー」の二作品があるが、これは正式にはTV映画だ。ヨーロッパや日本では劇場公開されたために「スピンオフ映画」と誤解されやすい。そのため、劇場公開されるスピンオフ映画は、今回が史上初ということになる。

さて、当初「スター・ウォーズ・アンソロジー」と名付けられていたこのスピンオフシリーズは、「スター・ウォーズ・ストーリー」と名を変え、現在のところ三本の製作がアナウンスされている。

二〇一六年に公開予定の「ローグ・ワン」は、サーガのエピソード3と4の間の物語、というより、限りなく4に近い物語になる予定だ。帝国が建造中のデス・スターの設計図を奪った反乱軍と、それを取り戻そうとする帝国軍の攻防を描いた作品になるという。

噂では、帝国軍が賞金稼ぎを雇って設計図の奪還を図るという話もあり、そこにはボバ・フェット、ボスク、デンガー、ザッカス、4ROM、IG-88、そしてキャド・ベインといった賞金稼ぎが登場するというのだ。中でも「クローン・ウォーズ」に登場したキャド・ベインは、極悪な賞金稼ぎとして人気だったキャラで、この噂が真実ならば、実写版としてのデビューとなる。

すでにアナウンスされているキャストは、主人公にフェリシティ・ジョーンズ（またも女性！）、フォレスト・ウィテカーやマッツ・ミケルセンといった実力派俳優のほか、ドニー・イェンがアジア系初の主要キャスト入りを果たしている。カンフースターとしても知られる彼が、どんなアクションを見せるのか楽しみだ。

二〇一八年公開予定の二本目のアンソロジーは、タイトルは未定だが、若き日のハン・ソロが、いかにして密輸業に手を染めていったのかを描く物語になると発表された。

この二本目は、長らく「ボバ・フェットの物語になるのでは？」と噂されていたが、どうやら若き日のハン・ソロにボバ・フェットが何らかの形で絡んでくる、といった話になりそうだ。最近では「スター・ウォーズ・ハンソロジー」などと言われているようだ。ハン・ソロは二〇代前半の若者として登場するという。

二〇二〇年公開の三本目に関しては、まだ正式な発表がないものの、どうやらこちらが「ボバ・フェットの物語」になりそうだ。これはキャスリーン・ケネディが言及したものだが、正式発表ではないため、今後変更される可能性もある。

その他の可能性としては、「オビ＝ワン・ケノービの物語」があるだろう。エピソード1〜3で、若き日のオビ＝ワンを演じたユアン・マクレガーが「また機会があるなら、ぜひオビ＝ワンを演じたい」とラブコールを送っていたが、それをルーカスフィルムも本格的に検討しているというのだ。仮にこの「オビ＝ワン・ストーリー」が好評だった場合、これはこれで独自のシリーズになる可能性もある。

スピンオフが物語を拡張する

これらのスピンオフ展開で注目したいのは、その自由な拡張性である。

スター・ウォーズの根幹として「サーガ」があり、特定のキャラクターや事象にフォーカスした物語としてスピンオフが存在し、なおかつサーガと矛盾しない内容を保てるのであれば、何でもありと考えていいだろう。

だから、オビ＝ワンとアナキンの知られざる冒険と友情の物語なども、その気になれば作ることができる。その場合、アナキン役にヘイデン・クリステンセンを起用することも、サブキャラとしてメイス・ウィンドゥを登場させることも可能だ。大のスター・ウォーズ・ファンで、熱烈なラブコールの末に出演を果たしたサミュエル・L・ジャクソンも、チャンスさえあれば再びメイスを演じたいと公言しているだけに、キャスティングは容易なはずだ。

他にもベイダーやヨーダ、ランド、ドロイドなど、題材となりうるキャラクターは山ほどいる。たとえば三部作が完結し、その次の三部作がスタートするまでの間も、スピンオフというかたちでならば、いくらでも間をつなげることができるというわけだ。

こうした展開をこれまでルーカスフィルムがしてこなかったのは、単純にルーカスの手が回らなかったからだし、サーガと同時進行するだけの資金的な余裕も人的な余裕もなかったからだ。

これまで、スター・ウォーズの世界観を持つ作品は、全てルーカスが監修していた。特に「クローン・ウォーズ」のようなTVシリーズは、かなりの部分でルーカスが参画していたが、それも「エピソード3」が終わってからの話である。

今回のように全てが同時進行で進むことは、以前の体制では決してできなかったことだ。スピンオフ展開は、莫大な資金と人材を誇るディズニー体制になったからこそ、実現できたと考えて間違いない。

「インディ・ジョーンズ」の行方

スター・ウォーズとは直接関係はないが、ルーカスフィルムが所有するもうひとつのドル箱シリーズにも触れておこう。買収によってディズニーが手にしたのはスター・ウォーズだけではなく、「インディ・ジョーンズ」シリーズの権利も含まれていたのだ。そして、その中には「新作の製作」も含まれていた。

二〇〇八年に公開された「インディ・ジョーンズ／クリスタル・スカルの王国」は、実に一九年ぶりに製作されたシリーズ四作目だったが、これに続く形で五作目の製作も進行していた。

「クリスタル・スカルの王国」で登場したインディの息子マット・ウィリアムズは、反響次第では、インディの二代目を継がせる皮算用もあったようだ。五作目でも彼を登場させることで、その可能性をさらに探ろうとしていたという。リークされた情報では、どうやらバミューダ・トライアングルの謎を舞台にした冒険物語を模索していたようだが、いつのまにかこの五作目に関する話題は消えてしまっていた。

その後、ディズニーによる買収が行われたわけだが、ひとしきり続いたスター・ウォーズの話題が沈静化した頃、インディ・ジョーンズに関するニュースが報じられた。これまで同シリーズを配給してきたパラマウントとディズニーとの間に、合意が持たれたというニュースである。

二〇一三年一二月の「ヴァラエティ」誌によると、パラマウントは、過去の四作品の配給権を保持し、新作に関しても参加することができるという。そしてディズニーは、過去四作および将来の新作の権利を持ち、新作が製作される場合には配給ができるというものだ。

老いるハリソン・フォードの代わりは?

さて、こうしてインディ・ジョーンズも新作の製作に拍車がかかることになったわけだが、スター・ウォーズのようにはいかない事情がある。他ならぬハリソン・フォードの現在七二歳という年齢だ。

これが「ジェダイの帰還」の三〇年後という設定の「フォースの覚醒」ならば、年老いたハン・ソロの存在は物語に深みを与えることができる。主要なアクション場面は次世代のキャラクターたちに任せられるだろう。しかしインディ・シリーズの場合は、インディ自身の冒険が主題だ。そのため、あくまでも物語は「インディの活躍」でなければならない。

しかし六五歳の時の「クリスタル・スカルの王国」でさえ、そのアクションには息切れを感じたし、仮に新作が作られるとしても、それはスター・ウォーズの新三部作が終わってからのことだろう。そうなると、ハリソンももう八十代目前だ。

もちろん「クローンの攻撃」の時のクリストファー・リーのように、激しいアクション場面をスタントマンにやらせて、頭部をCGですげ替えるという手があるにはある。しかし、生身のアクションが売りで、その大部分をハリソン自身が演じてきたこれまでの経緯を考えると、CGを使ったアクションに魅力があるとは思えない。

そこで浮上してきたのが「リブート案」だ。

若い俳優を起用して、若き日のインディの活躍を描くということになれば、同一俳優で頻繁に新作を送り出すことができるし、年齢にとらわれずに奇想天外なアクションを盛り込むことができるというわけだ。

この場合、ハリソン・フォードは、語り部に近い役割として登場させることができるだろう。つまり、彼が過去の冒険を回想するという形をとるわけで、これはＴＶシリーズの「インディ・ジョーンズ／若き日の大冒険」のエピソード「ミステリー・オブ・ザ・ブルース」でも使われた手法だ。若きインディにメインの冒険を担わせ、ハリソン演じる老インディにはちょっとした冒険をさせて、新旧のファンを喜ばせるという方法をとる可能性もある。

いずれにせよ、若きインディを演じる俳優が誰になるかが問題となる。現時点では「ガーディアンズ・オブ・ギャラクシー」（二〇一四年）で主人公を演じたクリス・プラットが最有力と見なされており、監督のスピルバーグも彼を主役としたリブートなら「大歓迎！」と賛同している。

はてさてどうなるのか。これもまた先が楽しみである。

第五章　ルーカスからディズニーへ（2）

アニメシリーズへの影響

ディズニーによるルーカスフィルム買収の影響が最初に降りかかったのは、アニメシリーズ「クローン・ウォーズ」だった。安定した人気を保っていた同シリーズが、打ち切りとなったのである。

その背景には、前述したように、他社（カートゥーンネットワーク）が取り扱っているということがあった。その代わりにスタートしたのが、日本でも二〇一五年から放送が始まった「反乱者たち」である。しかし、これは単純に「クローン・ウォーズ」の代替作品とは呼べないもので、そこには今後のディズニー体制のスター・ウォーズを占うことができる要素が満載であった。

「反乱者たち」が「クローン・ウォーズ」と決定的に異なる点が二つある。それは「キャラクターのノリ」と「音楽」だ。

「クローン・ウォーズ」は、サーガのエピソード2と3の間に起きたクローン大戦が題材の作品だ。そのため、主要キャラクターはアナキン、オビ＝ワン、そしてアソーカらが主体となるジェダイ騎士団だ。対する悪役として、ダース・シディアスを中心に、ドゥークー伯爵、アサージ・ヴェントレス、復活したダース・モールといった具合に、赤いライトセーバーを操る連中がいた。

物語は戦争中なので、各種の陰謀や政治的駆け引きなどを発端とした事件が多い。いずれにせよ、ジェダイたちが中心的存在であるがゆえに、そのテイストは「シリアス」そのものだった。かろうじてアソーカとアナキンとのやりとりなどで笑いをとったり、R2-D2の活躍で雰囲気が多少やわらかくなったりもしていたが、いずれにせよ全体的な雰囲気は「真面目」だった。

一方で「反乱者たち」は、エピソード3と4の間、つまりクローン大戦終結後、銀河帝国が成立した後の圧政が始まって久しい頃の物語である。そのため、主人公たちはジェダイ狩りの生き残りであるケイナンや、フォースに目覚めた少年エズラといった「反乱軍の卵たち」だ。彼らがいかに反乱軍のメンバーとして成長していくか、反乱軍がどのようにして大きな勢力になったのか、などが話の主軸になっている。したがって、「クローン・ウォーズ」ほど堅苦しい雰囲気ではないのが特徴だ。

ディズニー傘下になったからなのかは定かではないか、キャラクター造形も多少やわらかくなっている。なんとなく「ディズニーっぽい」と感じてしまうのは考えすぎかもしれないが、やはりそう思ってしまうのだった。

音楽の使い方にみる「ディズニーらしさ」

音楽についてはどうだろうか。「クローン・ウォーズ」では、随所にサーガで使用された音楽の流用がなされていたが、基本的にはあまり映画の曲が多用されることはなかった。しかし「反乱者たち」では一転して、「これでもか！」というほど、映画でおなじみの名曲が頻繁にかかるのだ。

よく知られているように、スター・ウォーズの音楽は「ライトモチーフ」という手法をとっている。キャラクターや団体ごとにテーマ曲があって、その曲がかかると当該のキャラクターが現れるといった具合に、明確にリンクしていたのである。

しかし「反乱者たち」の場合には、そういった細かい設定などはほとんど無視されている。たとえば第一話のクライマックスでは、帝国軍に囚われていたウーキーの親子が感動の再会をする場面で、「レイア姫のテーマ」が流れるのである。このように、楽想を無視してとにかく雰囲気に合った名曲が画面に充てられる例は数えきれないほどだが、これが見ていてけっこう心地いいのである。

頭では「いやあ、ここでこの曲か？」と思うのだが、何しろファンにとっては長年聴きこんだ名曲の数々なだけに、無意識に体が喜んでしまう。この辺の、ある意味無茶苦茶な音楽の使い方は、ルーカス時代では考えられなかったことだろう。こういった点でも「ディズニーの時代」を実感できると思う（良いか悪いかはともかく）。

ファンが泣いて喜ぶ声優陣

それから、古いファンにとっては嬉しい点がもうひとつある。それは、声優への金のかけ方だ。

「クローン・ウォーズ」では、ヨーダやオビ＝ワン、アナキンなど、映画に登場したキャラクターたちが勢ぞろいしていたが、当然ながらその声を担当していたのは、プロの声優陣だった。C－3POだけは例外で、映画と同じくアンソニー・ダニエルズが演じていたが、これは彼が「3POの役は誰にも渡さない！」と公言しているためだ。どんな小さなプロジェクトだろうが、公式な3POの役の場合、常にダニエルズが演じ続けてきた。

さて、「反乱者たち」はどうか。

シーズン1には、ダース・ベイダー、ヨーダ、ランド・カルリシアンなど、旧三部作でおなじみのキャラクターが登場するが、なんと彼らの声は映画のオリジナルキャストが担当しているのだ。ベイダーはジェームズ・アール・ジョーンズ、ヨーダはフランク・オズ、ランドはビリー・ディー・ウィリアムズといった具合だ。

当然、長年のファンたちは大喜びだ。ここにも、ファンサービスのために金を注ぎ込めるだけの財力がある、ディズニーの底力と意思が垣間見える。

ルーカスの時代は、彼自身が淡白だったため、「似ていて違和感がないならば、声優で安く済ませよう」という合理的な考えがあったのだと思う。もちろん「クローン・ウォーズ」でクワイ＝ガン・ジンの霊体をリーアム・ニースンが演じたといった例はあったが、あくまでもそれは特殊な例だった。

「反乱者たち」の場合は、一つのシーズンでこれだけのオリジナルキャストを投入しているわけで、そこにはディズニー側の「ファンへの目配せ」を感じ取れる。もちろん、これを「ファンに対する媚《こび》」と解釈することも可能だが、どう解釈しようと結果は同じであって、「反乱者たち」は明らかに「クローン・ウォーズ」よりも豪華になっているのだ。

「正史」としてのアニメシリーズ

そして、「反乱者たち」には重要な役割がある。それは、新たに始まった「ディズニー体制のスター・ウォーズ」の先鞭をつけることで、「フォースの覚醒」公開前に、ファンに対して必要な予備知識を与えるという役目だ。

たとえば、これまでのスター・ウォーズでは、帝国軍のストームトルーパーは、クローンで編成されているという認識が多くのファンの間にあった。それは「クローンの攻撃」でクローントルーパーが登場し、これがのちのストームトルーパーへと変わっていったことからも容易に連想されることだった。一方で、同作でクローンのＤＮＡ供給者であるジャンゴ・フェットが死亡したことなどから、クローン兵の補充には限界があるとの見方も出てきていた。

「反乱者たち」では「候補生エズラ」というエピソードが放映された。それは、エズラが帝国アカデミーに潜入し、様々な人種の候補生たちと共に、ストームトルーパーになるための訓練を受けるという話だった。

これによって、ストームトルーパーの中にはクローンだけでなく、一般の公募を経て採用された「普通の人々」も存在することが明確になったわけで、二〇一四年暮れに公開された「フォースの覚醒」の予告編で、黒人のフィンがトルーパーのコスチュームを着ていたことへの違和感が一気に払拭《ふっしょく》されたのだった。

また、「フォースの覚醒」では、「帝国の逆襲」のクライマックスでルークが紛失したライトセーバーがストーリー上の重要なポイントとなるが、「反乱者たち」では改めてライトセーバーの作り方についての描写がある。

そこでは、ジェダイ寺院での試練を経て、エズラがセイバーの核となるカイバークリスタルを「授かる」のだが、これは、クリスタルにその持ち主の何らかの特性なり情報なりが秘められている可能性を示唆している。

実は「帝国の逆襲」の脚本第一稿には、「ダゴバへ行け！」とオビ=ワンに言われたルークが、ライトセーバーを分解し、中にあったクリスタルを分析した結果、ダゴバの存在する座標を見つけるという描写があったのだ。このアイデアを「ジェダイとクリスタルの関係」と再設定することで「フォースの覚醒」に捻りを加えているのではないかと個人的に憶測している次第で、「反乱者たち」におけるクリスタルの描写は、それを理解しやすくするための露払いではないかと思う（これに関しては、当たるも八卦、当たらぬも八卦なのだが……）。

いずれにせよ、「反乱者たち」を含む今後展開される全てのスピンオフ媒体（アニメ、ゲーム、書籍などを含む）の設定は、全て「正史」として扱われることになるそうだ。そういった意味でも「反乱者たち」は目が離せない存在と言える。

実写TVシリーズ

さて、二〇〇五年の「シスの復讐」公開後に、ルーカスフィルムはスター・ウォーズ関連で二つのプロジェクトを準備していた。

一つは、前述のアニメーションシリーズの「クローン・ウォーズ」。エピソード2と3の間の時代を描く内容で、これは二〇〇八年に放映が開始された。

もう一つは実写版のTVドラマシリーズで、こちらはエピソード3と4の間を扱い、タイトルも「スター・ウォーズ　アンダーワールド」とアナウンスされていた。しかし、脚本も約一〇〇時間分が書き上がっていたにもかかわらず、いつまで経っても製作はスタートしなかった。

その最大の理由は予算だった。当時、このプロジェクトを進めていたリック・マッカラムによると、

「製作費がかかりすぎるため、まだ正式にスタートできない」

とのことだった。

当時のルーカスフィルムにお金がなかったというわけではない。作ることはできるが、

TV局に放映権を売却する際に莫大な値段になってしまい、それゆえ買い手がつかない見込みだったということだ。莫大な製作費がかかるということは、放映権料も莫大な金額になる。どこにも売れなければ作っても無駄なわけだ。

ところが、この幻になりかかったTVシリーズも、ディズニー体制への移行によってがらりと状況が変わってきた。その背景には、同じくディズニー傘下にあるマーベルの成功がある。

マーベルはなぜ大成功しているのか

二〇〇九年、ディズニーがマーベル・エンターテインメントを買収した際、グループ内のマーベルスタジオでは「マーベル・シネマティック・ユニバース」（MCU）というプロジェクトが進行していた。

それまでは映画化権をメジャースタジオに売り、そこと共同で映画を製作していたのだが、全てをマーベルの自社製作にして、配給のみをパラマウントに委託するというプロジェクトだ。この構図は、奇しくも製作を自社で手掛け、配給のみを二〇世紀フォックスに委託してきたスター・ウォーズと同じものであった。

MCUは「アイアンマン」(二〇〇八年)を皮切りに、「インクレディブル・ハルク」(二〇〇八年)、「アイアンマン2」(二〇一〇年)、「マイティ・ソー」(二〇一一年)、「キャプテン・アメリカ/ザ・ファースト・アベンジャー」(二〇一一年)、そして「アベンジャーズ」(二〇一二年)と大成功を収める。

続く「アイアンマン3」(二〇一三年)の公開後には、スピンオフのTVシリーズとして、ディズニー傘下のABCテレビで「エージェント・オブ・シールド」(以下、シールド)をスタートさせた。

MCUと同一の世界観を持つ「シールド」は、映画シリーズとも密接な関わりを持っている。「アイアンマン3」の直後から始まったストーリーは、途中で「マイティ・ソー/ダーク・ワールド」(二〇一三年)ともリンクし、シーズン1のクライマックスは、放映時期と公開が重なる「キャプテン・アメリカ/ウィンター・ソルジャー」(二〇一四年)とシンクロ。結果として、映画とTV双方における相乗効果をもたらし、大成功となった。その後も、シーズン2が二〇一五年公開の「アベンジャーズ/エイジ・オブ・ウルトロン」へとつながっていくなど、TVと映画の新しい協力体制を具現化してみせた。

二〇一五年は、ネット配信サービス「ネットフリックス」でも、マーベルスタジオ作品

「デアデビル」の配信が始まり、これまた高い評価と収益を上げて成功している。

同作もまたMCUの世界観を持つ作品であり、今後も「アイアン・フィスト」、「ジェシカ・ジョーンズ」、「ルーク・ケイジ」といった、地域密着型のスーパーヒーローのシリーズを配信し、その後彼らが結成する「ディフェンダーズ」というミニシリーズも映像化することが決まっている。

つまりマーベルでは、映画、TV、ネット配信という三つの媒体で、絶え間なくコンテンツを供給し、その高い完成度から大衆の支持も受け大成功しているのだ。

大資本下だからこそできること

そこで、スター・ウォーズだ。

すでに「フォースの覚醒」への下地作りともなるかたちで「反乱者たち」を放送し、成功しているディズニーが、このマーベルの必勝パターンを見逃すはずもない。

ABCテレビでは、買収報道の早い段階から、前述した実写の「アンダーワールド」の実現に強い関心を表明していた。他社が作ったものを買いとるのではなく、グループ内のコンテンツを放送する、言わば「自社製作」となるのだから、かつてマッカラムが懸念していた予算問題は解消している。それゆえ「アンダーワールド」は、めでたく再始動を果たし、着々と準備を進めているらしいのだ。

エピソード3と4の間の物語という点が共通することから、当初は「反乱者たち」が「アンダーワールド」の脚本を流用したのでは、という声もあったが、どうやら別々のプロジェクトだったらしく、できるだけ早い段階でABCテレビでの放映を目指しているのだそうだ。

さらに、マーベル同様にネットフリックスでも三つの実写シリーズが計画中だという噂も流れてきて、前述したマーベルの成功例から考えると「やはりそうくるか」という状況になってきた。

いずれにせよ、新作の公開まで何もないまま三年間もひたすら待つしかなかった過去の時代から考えると、ファンにとっては夢のような展開であり、これこそがディズニーという大資本の傘下になったことのメリットだと思う。

そしてもちろん、このように生み出されたコンテンツ群は、後々にはアトラクションとして再利用されていくことにもなるだろう。

テーマパークへの展開

ディズニーといえばディズニーランド、そしてスター・ウォーズ・ファンにとっては、ディズニーランドといえば「スター・ツアーズ」だ。一九八七年に登場したこのアトラクションは、ルーカスフィルムとディズニーの最初の大きなコラボレーションだ。二〇一一年には、全編3D映像の新しいアトラクション「スター・ツアーズ　ザ・アドベンチャーズ・コンティニュー」としてアップデートされた。

また、フロリダのディズニーワールドやアナハイムのディズニーランドでは、子供たちを対象にした「ジェダイ・トレーニング・アカデミー」も併設されている。

ジェダイマスターからライトセーバーの訓練を受けた子供たちが、新兵の勧誘に来たダース・ベイダーと直接対決し、卒業証書を受け取るという体験型アトラクションで、これもまた人気を博している（余談だが、本来対決すべきベイダーに対し、跪《ひざまず》いて忠誠を誓い、断固として戦わなかった女の子もいて、周囲を爆笑させるハプニングも近年発生した）。

フロリダでは、毎年五月に「スター・ウォーズ・ウィークエンド」というレギュラーイベントも行われている。この期間中、ミッキーとミニーはジェダイの扮装でゲストをもてなし、土産店でもスター・ウォーズとディズニーのコラボ商品が限定販売され、人気を博している。

そんなスター・ウォーズ関係のアトラクションが、ディズニー傘下になったことで増えないわけがない。現在、ルーカスフィルムでは「テーマパーク部門」を創設して、その企画開発を大車輪で行っている。ディズニーのCEOであるボブ・アイガーも「世界中のランドにスター・ウォーズのアトラクションを作る！」と鼻息が荒い。

スター・ウォーズが人生の一部になる

この「スター・ウォーズ・ランド」は、まずフロリダのディズニーワールド、そしてアナハイムのディズニーランドに開設されることが正式に発表されている。

それぞれ一四エーカーもの敷地をフルに活用して作られるスター・ウォーズ・ランドは、テーマパーク専用にデザインされたまったく新しい惑星を舞台とし、ミレニアム・ファルコンに乗ることができるアトラクションや、専用のレストラン、限定グッズの販売など盛り沢山の内容だ。

先頃アップデートされたばかりのスター・ツアーズも、早々と再アップデートされ、「フォースの覚醒」に登場する惑星やキャラクターなどを加えたバージョンに変更するのだという。子供たちに絶大な人気を誇った「ジェダイ・トレーニング・アカデミー」も、ストーリーやキャラクターなどを一新し、まったく新しい形で再スタートするのだという。

さらに、トゥモローランドの人気アトラクション「スペース・マウンテン」も、スター・ウォーズ仕様に模様替えされ、その名も「ハイパースペース・マウンテン」になるという。これまでは、星が煌《きら》めく暗闇を疾走するコースターだったが、今度は最新デジタルプロジェクション技術で、正にスター・ウォーズの世界を駆け抜けるアトラクションに生まれ変わるのだそうだ。

また、毎年五月にフロリダで行われていた「スター・ウォーズ・ウィークエンド」も「スター・ウォーズ・シーズン・オブ・ザ・フォース」と改められ、新たな演出、限定フード、限定グッズなどを用意し、お祭り騒ぎを繰り広げる計画だそうだ。

すでにフロリダのディズニー・リゾート内のハリウッド・スタジオでは、四〇〇〇億円近くをかけて大幅な改修作業が行われている。この改修には、スター・ウォーズだけでなく、インディ・ジョーンズやピクサーのアトラクションも含まれるという。

二〇一六年春オープンの上海ディズニーランドでも、マーベルを題材としたアトラクションと並んで、スター・ウォーズをテーマにした「スター・ウォーズ・ローンチ・ベイ」

というゾーンも開設する予定だ。また、二〇一五年七月には、香港ディズニーランドでアジア初の「ファンパレード」が行われ、アジア各国から集められた501 st とレベルリージョンの面々が多くの観客を楽しませた。

こうした一連のテーマパークを完備することで、スター・ウォーズはミッキーマウス同様、子供たちの幼い時期から人生の一部として存在し、彼らがまたその子供たちへと伝えていく連鎖を生む環境が整うことになる。

今後は、映画やTVの展開を受けて、その後はテーマパークで追体験する、というパターンが定着し、ますますスター・ウォーズの一般大衆への浸透が加速していくことになるだろう。

女性時代のスター・ウォーズ

映画に限らず、優れた芸術作品はその時代を反映した内容を持つものだ。それは、スター・ウォーズも例外ではない。一九七七年に第一作が公開された当時、驚きをもって迎えられたのがレイア姫の存在だった。

ならず者のハン・ソロやその相棒のチューバッカを罵《ののし》り、助けに来たルークからはブラスターをもぎ取って、自ら脱出の経路を切り開く。そしてベイダーやターキン提督の脅しに屈することもなく、信念を貫いて自由のために戦うレイア。その姿は「強い女性」として多くの観客から「痛快！」という評価を得た。

「スター・ウォーズ」の土台ともなった古き良き時代の冒険活劇では、ヒロインはもっぱら気が強くても無力な存在で、それを庇護《ひご》する形でヒーローの存在意義もあった。だがレイアは、そんな時代がかったキャラクターではなく、七〇年代という時代を反映した新しいタイプのヒロインだったのである。

「スター・ウォーズ」の二年後に公開された「エイリアン」では、主人公がリプリーという女性だったが、このキャラクターは元々男性という設定だった。これを「女性に変更すべし」と助言をしたのが「スター・ウォーズ」にGOサインを出した、二〇世紀フォックスのアラン・ラッド・ジュニアだったことは偶然ではないだろう。

ルーカスが南カリフォルニア大学で映画を学び始めたのは、六〇年代前半のことだったが、この頃のアメリカには、一九世紀から二〇世紀にかけて活発になった女性参政権運動に続く第二の波が訪れようとしていた。ウーマン・リブ運動である。

一九六一年、ケネディ大統領は直属の「女性の地位に関する委員会」を設立し、六三年には男女同一賃金法が可決されている。六四年には「雇用における人種、宗教、民族、あるいは性による差別が非合法である」とする公民権法第七編が議会を通過。こうした流れを受けて、「女性解放運動（ウーマン・リブ）」が誕生し、六八年には第一回全米女性解放会議が開催された。七二年には議会が男女平等雇用機会法を可決、七六年には陸軍士官学校がついに女性の入学を認めるに至っている。

こうした背景が「強いヒロイン＝レイア姫」というキャラクターの成立に多大な影響を与えたことは間違いないだろう。それどころか、初期の案では主人公のルークそのものが女性の設定になっていたこともあった。結局、ルークは男性キャラになったものの、その結果、女性の登場人物がいなくなってしまったため、レイア姫というキャラクターを作ったとルーカスは証言している。

映画界における女性の権利

その後は女性を主人公にした映画、女性が監督した映画、女性の虐《しいた》げられた境遇を非難するテーマを扱った映画が普通に作られるようになった。だがそれでも、依然として「女性の権利」は男性に比べて遠く及ばない現状にあることが、最近になってしばしば指摘されるようになってきている。

映画の世界だけを見ても、二〇〇二年に女優ロザンナ・アークエットが監督したドキュメンタリー「デブラ・ウィンガーを探して」は、第一線で活躍する女優たちが数多くの女性差別に遭ってきたことを証言し、ハリウッドが相変わらず男性上位の社会であることを痛烈に批判している。

アカデミー賞でも、監督賞にノミネートされた経験のある女性監督は、一九七六年の「セブン・ビューティーズ」を監督したリナ・ウェルトミューラーが初めてだった。その後、一九九三年の「ピアノ・レッスン」でジェーン・カンピオンが、二〇〇三年の「ロスト・イン・トランスレーション」でソフィア・コッポラが候補となり、二〇一〇年にキャスリン・ビグローが「ハート・ロッカー」(二〇〇九年)でようやく女性初の受賞者となった。九〇年近いアカデミー賞の歴史の中で、監督賞候補となった女性がたったの四人しかいないのだ。

こうした状況もあって、二〇一五年五月、アメリカ自由人権協会(ACLU)は、映画やTVの世界で女性が不当な差別を受けているとして、連邦政府などに調査を要求する書簡を送っている。

新たな三部作は女性が活躍

さて、新たな時代を迎えたスター・ウォーズは、今後どうなっていくのだろうか。もちろん、今回も時代の影響を多大に受けている。

日本で初の公式記者会見となった二〇一五年四月のキックオフ・ミーティングに登壇したのは、ルーカスフィルム社長のキャスリーン・ケネディと主演女優のデイジー・リドリーの二人で、どちらも女性だった。

この席上でケネディは、

「映画を作る上では、今の時代の様々な状況が反映されるものです。新しいスター・ウォーズも、そうした考えに基づいて製作されていくでしょう」

と語った。

その言葉どおり、最新作「フォースの覚醒」の主人公は、デイジー演じるレイという女性キャラクターだ。この「女性が主人公」という決断は、ルーカスフィルムが「ディズニー・プリンセス」でおなじみのディズニー傘下になったということだけではなく、ケネディが言うように「時代の反映」でもあるだろう。過去の六作品の主人公がルークとアナキンだったこともあり、そろそろ女性を主人公にしてもいい頃と考えたのかもしれない。いずれにせよ、スター・ウォーズも「いつかは通らなければならない道」を早々と選択したことになる。

レイの他にも、TVドラマ「ゲーム・オブ・スローンズ」で知られるグェンドリン・クリスティーが、トルーパーの指揮官キャプテン・ファズマを演じ、アカデミー賞受賞女優であるルピタ・ニョンゴが、モーションキャプチャーで描かれるキャラクター、マズ・カナタを演じる。彼女らも、エピソード9まで続く新たな三部作で、重要な役所を担っていくのだという。

最も端的にスター・ウォーズの「女性時代」を実感できる例は、「フォースの覚醒」のタイアップ企業として、アメリカを代表する化粧品メーカー、マックスファクターが名を連ねていることだろう。

同社の姉妹ブランド「カバーガール」から、なんとスター・ウォーズのロゴ入りリップスティックや、ライトサイドとダークサイドの二種を揃えたマスカラなど、一連のメイクアップ（この言葉の由来も同社からだ！）商品を販売するのだから、まさに「時代は変わった」と言えるだろう。

とはいえ、スター・ウォーズが娯楽冒険活劇であることには変わりがないし、主人公が女性になったからといって、「女性の権利」や「女性の平等」をテーマにした物語になるなんてこともない。あくまでも、そういった問題が「解決済み」という世界観で描かれるだろうから、「女性時代」によってシリーズが根本的に変化するのでは、といった心配は無用だろう。

時代を反映するという点で言えば、今、女性の権利と共にアメリカで大きなテーマとなっているのが同性愛の問題だ。小説版ではあるが、これもスター・ウォーズにレズビアンのキャラクターが登場することが発表されている。

社会情勢から映画の方向性を占うこともできるだけに、今後は、こうした観点でストーリー予想をしてみるのも一興かもしれない。

注目すべき女性キャラクター

「フォースの覚醒」で女性キャラが主役になるにあたって、その判断を「ディズニーによる新たなプリンセス商売」という見方をする人もいるだろう。しかし、それはあくまでも結果的なもので、そもそもは前述したような「時代の流れ」に則ったものと見た方がいいだろう。

その前兆というか、下地作りに大いに貢献したのが、「クローン・ウォーズ」に登場するアソーカ・タノだ。

二〇〇八年にスタートしたTVアニメーションシリーズ「クローン・ウォーズ」は、前身となる短編アニメーション「クローン大戦」の成功を受けて企画されたものだったが、ファンが最も驚いたのはアソーカの登場だった。彼女は、アナキンのパダワン（弟子）として、シリーズ初の主役級女性ジェダイとなった存在だ。

オビ＝ワンの弟子という立場だったアナキンに、さらに弟子がいたという新設定は、多くのファンを戸惑わせたものだったが、シリーズが進むにつれて、アソーカの人気は急上昇。中でも女性ファンたちからの歓迎ぶりは熱狂的で、最も身近に感じられる女性戦士として、アソーカの存在は、スター・ウォーズの世界の中で見る見るうちに大きなものとなっていった。

しかし、彼女がジェダイ騎士団に属している限り、「シスの復讐」で描かれた「オーダー66（ジェダイ抹殺指令）」により、いずれは彼女も死ぬ運命になると見られていた。そのため、「アソーカは殺さないでほしい」という願望が、女性ファンだけでなく多くのファンの願いになっていた。

そして、この願いは意外な形で展開していくこととなる。

二〇一二年一〇月にルーカスフィルムがディズニーに買収された際、「クローン・ウォーズ」は、ちょうどシーズン5がスタートしたばかりだった。このシーズンのクライマックスで、アソーカは無実の罪で告発される。結果的に容疑は晴れるのだが、最終的にはジェダイ騎士団を去る展開となった。

そして「クローン・ウォーズ」自体、このシーズンをもって打ち切りと発表されたのだった。すでに製作が進んでいたシーズン6は、お蔵入りとなって幻に終わるかと思われたが、翌年に放送されて多くのファンを喜ばせた。

アソーカの数奇な運命

さて、「クローン・ウォーズ」打ち切りの背景には、本章冒頭で述べたような事情があった。しかし、そんな「大人の事情」にファンが納得できるはずもなく、当時は多くのブーイングがあがったものだった。

これが沈静化したのは、「クローン・ウォーズ」のスタッフが、そのまま新たなTVアニメーションシリーズを製作すると発表されてからのことだ。「クローン・ウォーズ」が、その名の通り、エピソード2と3の間に起きたクローン大戦を題材にしていたのに対し、新シリーズは、エピソード3と4の間が舞台となる。

そのタイトルは「スター・ウォーズ　反乱者たち」と発表された。二〇一四年秋から放送が開始された「反乱者たち」はたちまち人気番組となったが、その第一シーズンの最終回にファンたちは歓喜の声を上げた。なんと、大人になったアソーカが登場したのだ。

ジェダイ騎士団を離れ、独自に行動していたアソーカは、「反乱者たち」では反乱軍の一員として、シリーズの主人公たちと絡んでいくことになる。「クローン・ウォーズ」の頃には緑色のライトセーバーを使っていたが、「反乱者たち」では無色の（白い）ライトセーバーを持っている。細かい理屈は分からないが、それは「ジェダイ騎士団を離れたため」なのだそうだ。

そんなアソーカは、シーズン2の冒頭で、かつての師ダース・ベイダー（アナキン）と（フォースによる）接触を持つことになる。ベイダーはフォースによってアソーカの存在を知り、「アナキン・スカイウォーカーの弟子が生きていました」と皇帝に淡々と報告をするのだが、一方のアソーカはショックのあまり気を失ってしまう。

かつての師匠と弟子が、今後どのようなドラマを生み出していくのか、注目したいところだ。

アニメからの抜擢はあるか

振り返ってみれば、二〇〇五年の「シスの復讐」で一度は完結したスター・ウォーズの人気を引き続き牽引し、多くの女性ファンを獲得してきた最大の功労者はアソーカだった。

特に子供たちにとっては、リアルタイムに鑑賞できるスター・ウォーズは「クローン・ウォーズ」しかなかった。それだけにアソーカの存在は、彼らにとってはアナキンやオビ＝ワン、ヨーダと並ぶほど大きなものだったのだ。そして、そのアソーカの無事な姿を「反乱者たち」で観たファンらの熱狂ぶりを考えると、彼女の未来はそう暗くはないのではないかと思う。

エピソード3と4の間で行われた「ジェダイ狩り」によって、「ジェダイは滅びた」(「新たなる希望」でのターキン提督の発言）とされているが、そもそもアソーカはジェダイ騎士団を離脱しているため、「反乱者たち」の世界観では「元ジェダイ」だ。したがって、彼女自身はジェダイとしてカウントされる存在ではないし、たとえ彼女に関連して「ジェダイ狩り」が進行することになったとしても、あくまでもアソーカは「元ジェダイ」のままだ。

そのため、物語上は依然として、彼女の運命をめぐってハラハラした展開を作ることが可能だ。同時に、なんとか生き延びさせて、今後の映像展開に活用することも可能だと考えられる。つまり、映画版のスター・ウォーズに実写版のアソーカが登場する可能性は現時点でゼロではないし、その可能性は低くないと思う次第である。

映画が（一応）完結し、ファンにとっては冬の時代に、新たなファン（特に女性ファン）を獲得してきた立役者であるアソーカを、そのままアニメーションの世界だけで終わらせてしまうには、あまりにももったいない。うがった見方をするならば、彼女が大手を振って「ディズニー時代のスター・ウォーズ」に登場するためにも、「クローン・ウォーズ」の打ち切り、そして「反乱者たち」の開始が行われたのでは、とも考えられる。

また、旧三部作のＤＶＤ発売時に「ジェダイの帰還」のラストに登場するアナキンが初公開時のセバスチャン・ショウから、新三部作でアナキンを演じたヘイデン・クリステンセンの姿に差し替えられたが、これは、今後アナキンが霊体として登場する際に、ヘイデンが演じる可能性を示唆するものでもある。

そう考えると、アソーカについて霊体となったアナキンがルークに語る、なんて場面も夢想してしまうのだが、どうなることだろう。さすがに、実はどこぞのお姫様だったなんてことにして、アソーカもプリンセスにしてしまうことはないと思うのだが。

愛すべき新キャラクター

すでに触れたが、「フォースの覚醒」公開を八か月後に控えた二〇一五年四月一六日、カリフォルニア州アナハイムで行われた「スター・ウォーズ・セレブレーション7」で、待望の予告編第二弾が発表され、世界中が興奮に包まれた。

そのパネルディスカッションで、会場に居合わせたファンたちを驚愕させたものがある。実際に目の前で動くBB-8が登場したのだ。

二〇一四年一二月に発表された予告第一弾で、初めてその存在が明らかにされた新型ドロイドBB-8は、旧型からバージョンアップされたXウィング戦闘機に、R2ユニットに代わって搭載されることは明白だったし、のちにそれも確認された。しかし何よりもまず、地面をコロコロと転がるように動くその姿は、R2-D2同様に愛嬌があった。とにかく誰もが、即座に「新しいキャラクターだけど、どうせCGだろう」と思ったものだった。

ところがその数日後に、ルーク・スカイウォーカーを演じたマーク・ハミルが、「BB-8は実際にセットにいたよ。あれは、実物大のプロップなんだ。可愛かったね」とメディアのインタビューに答えたのだ。そのため、これまた世界中のファンが「実際に動くらしいぞ！」と騒ぎ出したのだった。

そんな中での登場だっただけに、セレブレーションの会場は割れんばかりの歓声に包まれ、早くもBB-8は「愛すべきキャラ」としての地位を獲得した。

BB-8誕生秘話

このBB-8だが、そもそものデザインコンセプトは、監督であるJ・J・エイブラムスがナプキンに描いた簡単なスケッチからスタートしたのだそうだ。二つの丸で構成されたドロイドのアイデアは、偶然にもシリーズ第一作に関わったアーティスト、ラルフ・マクォーリーがR2-D2のために考えたスケッチにも存在していた。

球体の上に少し小さめの球体が乗り、地面を転がるように移動するというアイデアは、R2-D2をデザインする際に参考にされた映画「サイレント・ランニング」に登場するドローン（ヒューイ、デューイ、ルーイと名付けられたロボット）が四角い形をしていたため、

「それじゃあ自分は丸いデザインで行こう」とマクォーリーが考えたところから生まれた。

結局、撮影を現実的に可能とするために、役者が中に入って演じられる形状として、R2-D2は現在の形になったが、新しいスター・ウォーズを作るにあたって、監督のJ・J・エイブラムスがこのアイデアを思い付いたことは、彼が真の意味でスター・ウォーズのクリエーターとしてふさわしいことを証明していると言えるだろう。

さて、J・Jの基本的なアイデアは、ルーカスフィルムのコンセプトデザイナー、クリスチャン・アルズマンに伝えられた。彼は、サッカーボールなどあらゆる球体の製品を参考にしながら、最終的に「球体の上に半球体が鎮座する」というデザインに固めていったという。

そして、紙上のデザインを実際の小道具へと発展させるにあたり、今度は「ベイブ」(一九九五年)でアカデミー賞を受賞したアニマトロニクスの専門家ニール・スキャンラン率いるクリーチャー・ショップにプロジェクトが引き継がれた。

スキャンランのチームは、まずBB-8のプロトタイプをパペットで作った。これを実際に見たJ・Jは感嘆し、「これならデジタルに頼らなくていい!」と確信したそうだ。

最終的に、BB-8は撮影目的に応じて複数のモデルが作られた。クローズアップ用に静止したり揺れ動いたり頭部を動かせるタイプ、アクション場面などで走り回ることができるタイプ、そして役者たちが手で持ち上げたりできるタイプなどだ。より感情的な印象を観客に与えられる精巧なタイプは、スタッフが操るパペットで作られた。

こうした「撮影用小道具」としてのBB－8とは別に、スキャンランのチームは「完全なBB－8」の製作にも取り掛かっていた。映画の設定上の動きをするパペットとは違って、これは完全に独立した形で動くモデルで、リモートコントロールによって動作するタイプだ。

この「完全版BB－8」こそが、セレブレーションで観客の度肝を抜いたモデルだったのだ。

BB-8の商品化

こうして完成されたBB－8だったが、その存在は、ルーカスフィルム内部でさえ極秘扱いになっていた。二〇一四年一二月に最初の予告編が公開され、世界中が初めてBB－8の存在を知ることになったが、ルーカスフィルムやILMのほとんどの社員も、この時初めて知ったのだそうだ。

さて、新時代のスター・ウォーズを象徴するBB－8の商品化は、当然予想できる展開だが、この商品化に際してもディズニーは大衆に驚きをもたらした。

若き実業家イアン・バーンスティンとアダム・ウィルソンによって二〇一〇年に設立されたオルボティクス社（現在はスフィロ社に改名）。同社が開発したヒット商品「スフィロ」は、スマホやタブレット端末を使って制御する世界初のロボティックボールだ。球状の本体を自由自在の方向に転がして、ゲームだけでなく、ユーザーの思いつくままに自由な楽しみ方を提供する、新しい時代のエンターテイメントデバイスだ。

このスフィロは、二〇一一年にラスベガスで開催されたコンシューマー・エレクトロニクス・ショーで衝撃のデビューを飾って以降、多くのイベントで喝采を浴び、その年末のクリスマスシーズンに市販化され、世界中で人気を博すことになる。二〇一三年にはバージョン20となり、日本でも販売が開始されている。

スフィロ社を創業当時からサポートしていたスタートアップ支援企業テックスターズ社は、二〇一四年にはディズニーと提携して、新たなスタートアッププログラム「ディズニー・アクセラレーター・プログラム」をスタートさせた。これは、世界中から有望な企業を厳選し、資金やアイデアなど様々な面で、幹部クラスがメンター（指導者）となって支援していくというプログラムだ。全部で一一社が選ばれており、その中にスフィロ社も含まれている。

スフィロ社のメンターとして指導することになった幹部は、ディズニーのCEOボブ・アイガーその人だった。アイガーは、自らスフィロ社にBB－8の製品化を持ちかけたという(あれだけ動きが似ているのだから、当然といえば当然の展開ではあるが)。

二〇一五年九月四日、金曜日。「フォース・フライデー」と銘打って、世界中で「フォースの覚醒」関連の新商品が一斉に発売開始となった。

スフィロ社も「これこそ君が探し求めていたドロイドだ!」と高らかに謳い上げ、スフィロ社製のBB－8を発売した。それは、スマホやタブレットで自由自在に動かせ、なんとホログラフィックメッセージまで、(タブレット上ではあるが)収録・再生ができるのだ。

ろくにおもちゃもなく、ゼンマイ仕掛けで歩く雑な造形の「のこのこR2－D2」に子供たちが飛びついていた第一作の公開時と比べると、本当に時代の変化を感じるものだ。

ディズニーが与える〝永遠の命〟

一九九九年一二月、全盛期のディズニーが生み出した傑作「ファンタジア」(一九四〇年)

スフィロ社によるBB-8の商品化（写真提供：スフィロ）

をアップデートした新作「ファンタジア２０００」の東京プレミアが、渋谷のオーチャードホールで行われた。

ジェームズ・レヴァイン指揮による生演奏で上映された「ファンタジア２０００」は、かつてウォルトが目指したアニメーションの可能性の拡大を変わらず追求していこうという姿勢に溢れた意欲作だった。上映後にはアフターパーティーが行われ、そこには映画の製作に関わった多くの関係者も参加していた。

その席上で私は、ある男性スタ

ッフと話す機会に恵まれた。

「いい映画を作り続けることだけが私の願いなんだよ」

そう熱く語りかけてきたこの男性は、映画の製作総指揮を担当したロイ・ディズニーその人だった。叔父ウォルトの面影を強く残した彼の表情は、やはり温和そのもので、同時に仕事を成し遂げた後の清々しい職人の顔だった。

ミッキーマウスを生み出し、その後、長編アニメーション映画とテーマパークによってエンターテイメント業界に時代を超越した不滅のシステムを築き上げたウォルト・ディズニーや伝説のナイン・オールドメンを筆頭に、ディズニー社を栄光に導いた人々はみんな生粋《きっすい》の職人だった。

ウォルトの死後、迷走して業績を悪化させたウォルト・ディズニー・カンパニーは、八〇年代にマイケル・アイズナー体制となってから業績を回復して、第二期の黄金時代を迎える。

しかしアイズナーは、ウォルトらと異なり、職人ではなくビジネスマンだった。彼がもたらした黄金時代は、実際には現場の職人たちの努力の賜物だったし、アイズナーの強引で現場を省みない手法は、数多くの職人たちの離反を招いた。前述したロイ・ディズニーも、アイズナーに失望してのちに副社長の座を去ってしまう。

その後、ディズニー社は、二〇〇四年の株主総会でアイズナーに対する不信任を可決、後任にボブ・アイガーを起用する（ロイは顧問として復帰）。そしてピクサーと手を切ろうとしていたアイズナーの方針を一八〇度転換し、同社を完全子会社化し、ジョン・ラセターを製作のトップに据えた。

これによりディズニーは、再び「職人たちの会社」となった。「塔の上のラプンツェル」（二〇一〇年）や「アナと雪の女王」（二〇一三年）といった成功例が、こうした職人たちの力によるものであることは間違いない。

思えば、ジョージ・ルーカスもハリウッドというシステムを嫌悪し、早い段階から「職人としての自立」を目指し、スカイウォーカーランチの設立などでその作家性を維持してきた人物だ。そんなルーカスがスター・ウォーズをディズニーに託したのは、彼が生み出し、世界中が今なお愛してやまないコンテンツを、「職人たち」の庇護の下でさらに発展させ、それが自身の死後も続いていくことを願ったからだろう。

古くからのスター・ウォーズ・ファンにとっては、今後、戸惑うことが待っているかもしれない。ディズニー体制のスター・ウォーズは、これまでのような「ファンに向けたもの」ではなく、「大衆に向けたもの」になっていくはずだ。

それによってスター・ウォーズには、時代を超え、あらゆる世代の人々から愛されるという、「永遠の命」が与えられることになる。

ウォルトの死後も、時代を超えて人々に愛され続けるミッキーマウスのように……。

河原一久 かわはら・かずひさ
1965年生まれ。TVディレクター、ライター。
「スター・ウォーズ」シリーズの日本語字幕監修、
「スター・ウォーズ・セレブレーション・ジャパン」(2008年、幕張メッセ)
の監修・演出など、同作を間近で見てきた人物の一人。
2003年、第2回日本映画エンジェル大賞受賞。
著書に『スター・ウォーズ エピソード3快適副読本』(双葉社)、
『スター・ウォーズ フォースの覚醒 予習復習最終読本』
(近刊予定、扶桑社)など。

NHK出版新書 473
スター・ウォーズ論
2015(平成27)年11月10日 第1刷発行

著者 河原一久 ©2015 Kawahara Kazuhisa
発行者 小泉公二
発行所 NHK出版
〒150-8081東京都渋谷区宇田川町41-1
電話 (0570) 002-247(編集) (0570) 000-321(注文)
http://www.nhk-book.co.jp (ホームページ)
振替 00110-1-49701

ブックデザイン albireo
印刷 亨有堂印刷所・近代美術
製本 二葉製本

Printed in Japan ISBN978-4-14-088473-7 C0274

NHK出版新書好評既刊

自衛隊の転機
政治と軍事の矛盾を問う
柳澤協二
発足以来六〇年、殺し殺さないできた自衛隊が今、変わろうとしている。どんなリスクが待ち受けているのか。元防衛官僚が、国民の覚悟を問う。
470

メイカーズ進化論
本当の勝者はIoTで決まる
小笠原 治
「売れる」「作れる」「モノゴトで稼ぐ」の3つの明快な切り口で、3DプリンターからIoTへと続く〝ものづくり〟大変動を見通す!
471

サバイバル英文法
「読み解く力」を呼び覚ます
関 正生
英文法で、もう泣かない。知識を芯で捉えて暗記を極限まで減らし、英語アタマを速攻でつくる! 大学受験界のカリスマ講師による再入門書。
472

スター・ウォーズ論
河原一久
なぜ世界中がこの映画に熱狂するのか? 日本語字幕監修を務めた著者が、最強コンテンツの全貌に迫り、ディズニー買収以後の行方をも展望する。
473

真田丸の謎
戦国時代を「城」で読み解く
千田嘉博
戦国最強の勇将・真田信繁(幸村)の城づくりの秘密とは!? その系譜を辿るとともに「城」を手掛かりに群雄割拠する戦国時代を読み解いた力作。
474